WEALTH EFFECT
财富效应

金融法治让投资理财更自由

刘兴成 ◎ 著

中国财富出版社

图书在版编目（CIP）数据

财富效应：金融法治让投资理财更自由/刘兴成著.—北京：中国财富出版社，2018.6

ISBN 978-7-5047-6712-7

Ⅰ.①财…　Ⅱ.①刘…　Ⅲ.①金融法—研究—中国②投资—基本知识　Ⅳ.①D922.280.4②F830.59

中国版本图书馆CIP数据核字(2018)第128627号

策划编辑	宋　宇	**责任编辑**	齐惠民　郭逸亭		
责任印制	梁　凡	**责任校对**	孙会香　张营营	**责任发行**	张红燕

出版发行	中国财富出版社		
社　　址	北京市丰台区南四环西路188号5区20楼	**邮政编码**	100070
电　　话	010-52227588转2048/2028（发行部）		010-52227588转321（总编室）
	010-68589540（读者服务部）		010-52227588转305（质检部）
网　　址	http://www.cfpress.com.cn		
经　　销	新华书店		
印　　刷	北京京都六环印刷厂		
书　　号	ISBN 978-7-5047-6712-7/F·2897		
开　　本	710mm×1000mm　1/16	**版　　次**	2018年7月第1版
印　　张	13	**印　　次**	2018年7月第1次印刷
字　　数	220千字	**定　　价**	39.80元

自　　序

　　律师的职责是维护当事人的合法权益，具有救济私权的属性。即使律师为政府机关提供法律服务，该政府机关的权力是公共的，但其权益是专属的，具有私权的性质。难道律师天然是"自私"的吗？当律师在立法和普法方面发挥作用时，律师维护的是法治，而法治具有公共利益的属性。如何挖掘律师在立法和普法上的公益潜能，是中国走向法治的题中应有之义。

1. 中国律师胜任科学立法参谋

　　国外的法律职业共同体由法官、检察官和律师组成。中国的法治工作队伍更为壮大，包括立法工作者、法官、检察官、律师和法学家。中国法治的内容是科学立法、严格执法、公正司法、全民守法。

　　没有一支高素质的法治工作队伍，就不可能提高立法、执法、司法的质量和效率。全民守法一旦失去前提条件，法律体系就难以变为法治实践，依宪治国、依法治国和实现国家治理现代化就将是一句空话。

　　党的十八届四中全会指出："法律是治国之重器，良法是善治之前提。建设中国特色社会主义法治体系，必须坚持立法先行，发挥立法的引领和推动作用，抓住提高立法质量这个关键。"律师作为深入到社会各个层面和各个领域的专业法治工作者，无论对于真实世界的了解，还是对法律条文的熟悉程度，都比其他法治工作者更有优势，对科学立法和民主立法应当拥有相应的发言权，能够胜任科学立法的参谋。

　　笔者在代理南德集团暨牟其中信用证诈骗案申诉时，发现地方司法人员既不认识信用证，又不了解信用证国际规则，就起草了一个报告——《信用证规则中的国家利益》，通过向中央立法、行政机关和最高司法机关建言，推动最高人民法院出台了审理信用证纠纷案的司法解释。根据《最高人民法院关于审理信用证纠纷案件若干问题的规定》，开证申请人与开证银行之间因申请开立信用证而产生的欠款纠纷、委托人和受托人之间因委托开立信用证产生的纠纷、担保人为申请开立信用证或者委托开立信用证提供担保而产生的纠纷以及信用证项下融资产生的纠纷都属于经济纠纷，避免了向商业银行开立信用证的大批外贸企业负责人陷入信用证诈骗罪的刑事法律风险。

针对2004年6月1日实施的《中华人民共和国证券投资基金法》第十三条规定的设立基金管理公司的主要股东条件具有事实上国有垄断的嫌疑，笔者先后公开发表了《公募基金巨亏的法治出路》和《王亚伟辞职拷问公募基金制度》等文章，主张充分竞争是法治经济的目标，推动修改《中华人民共和国证券投资基金法》第十三条，开放民营资本进入公募基金业，修订后的《中华人民共和国证券投资基金法》于2013年6月1日开始施行。

2016年4月20日，国土资源部、浙江省国土资源厅组成联合调研组，赴浙江省温州市调研指导住宅土地使用权20年到期的延长问题。针对社会上中国的住房只有70年产权的错误传言，笔者于2016年5月公开发表了《中国的房产是永久产权》的文章，为全国房主和中央政府论证中国房产是永久产权的结论提供了充分的法律依据，中央政府最终宣布：房屋产权到期可续期，不需申请，没有前置条件，不影响交易。

律师应当熟悉立法与改革的顶层设计，主动适应立法与改革的现实和动态，实现立法和改革决策相衔接，做到重大改革于法有据、立法主动适应改革和经济社会发展需要。实践证明行之有效的，律师应积极参与使其上升为法律法规。对不适应改革要求的法律法规，律师应推动其及时修改和废止。

2. 执法、司法、守法都是普法过程

严格执法与依宪执政和政府执法直接相关。建设法治政府，需要更多律师的参与。执业律师的积极参与，有助于依法规范行政行为，让权力在法治框架内运行，提高依法决策水平。律师参与严格执法，有利于加快建设职能科学、权责法定、执法严明、公开公正、廉洁高效、守法诚信的法治政府。

2016年6月，中共中央办公厅、国务院办公厅印发了《关于推行法律顾问制度和公职律师公司律师制度的意见》，要求中央和国家机关各部委、县级以上地方各级党政机关，于2017年年底前，普遍设立法律顾问、公职律师，

乡镇党委和政府根据需要设立法律顾问、公职律师，国有企业深入推进法律顾问、公司律师制度，事业单位探索建立法律顾问制度，到2020年全面形成与经济社会发展和法律服务需求相适应的中国特色法律顾问、公职律师、公司律师制度体系。中国律师前所未有地迎来了为党政机关、国有企业和事业单位广泛提供法律服务的机会，同时也是普法的机会。

自2016年11月30日起施行的《党政主要负责人履行推进法治建设第一责任人职责规定》，第一次将党政主要负责人履行推进法治建设第一责任人职责情况纳入政绩考核指标体系。律师的法律服务既可以帮助党政领导履行好法治职责，又能够在党政机关执法活动中普法。

推进公正司法，是律师的传统业务。保证司法公正、提高司法公信力，防止冤假错案发生，需要律师积极参与诉讼活动，依法履行好辩护、代理职责，支持、监督司法机关全面准确查明事实，正确适用法律，努力让人民群众在每一个司法案件中感受到公平正义。律师在为当事人提供辩护、代理法律服务时，同时也是向当事人和司法工作人员普法的过程。

为防止领导干部干预司法活动、插手具体案件处理，确保司法机关依法独立公正行使职权，中共中央办公厅、国务院办公厅颁布了《领导干部干预司法活动、插手具体案件处理的记录、通报和责任追究规定》。律师应当协助和监督司法机关排除案外干预，维护当事人的合法权益，向领导干部和司法人员普法。

全民守法是普法的传统领地。全民守法是建设法治国家的基础，是法治的出发点和归宿点。增强全民法治观念，推进法治社会建设，需要律师广泛和深入地参与普法工作，提高全社会厉行法治的自觉性。

《中华人民共和国宪法》第五条规定，一切违反宪法和法律的行为，必须予以追究；任何组织或者个人都不得有超越宪法和法律的特权。官员是国民的组成部分，全民守法首先需要官员守法。法律面前人人平等，如果允许法律特权存在，就不可能有法治存在。

律师应当在执业过程中以案释法、辩法析理，向当事人和社会公众积极传播法治理念和权利义务观念，推进法治社会建设。律师应当信奉法律是最大的靠山，要做守法的表率，树立宪法法律至上的崇高信念，自觉维护国家法律的正确实施。

　　律师执业没有财政资金支持，律师从事立法和普法，往往与赚钱相冲突，但只想赚钱或想赚大钱，最好不要当律师。古今中外，律师是一个中产阶级职业，律师的收入比上不足比下有余，从来不是一个赚大钱的职业。比当律师赚钱的职业多的是，开发房地产、做企业、搞投资、开矿等都有不少人赚了大钱，想赚大钱的律师应当转行。

　　律师推动立法和普法既然是公益活动，大部分活动必然没有收入。有收入的法律服务只能为少数当事人服务，能在公益活动中为更多人服务应当是中国律师的荣幸，且在中国法治进步中法律服务市场会越来越大。

刘兴成

2018 年 3 月 1 日

目录

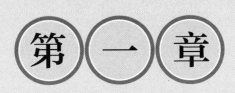

第一章

互联网金融法治助力创新

互联网金融不相信非法集资

2015年无疑是互联网金融风险的集中暴露期。这一年，互联网金融的机遇和挑战同时存在，亮点与黑点也同样明显。

自2012年4月中国"金融四十人年会"首次提出"互联网金融"概念以来，互联网金融作为一个新兴领域一直风云变幻：2013年是互联网金融元年，余额宝成为广受欢迎的互联网金融产品；2014年互联网金融野蛮生长，如火如荼；2015年政府试图引导互联网金融规范发展，中国人民银行等10部门联合出台了《关于促进互联网金融健康发展的指导意见》，按照"依法监管、适度监管、分类监管、协同监管、创新监管"的原则，确立了互联网支付、网络借贷、股权众筹融资、互联网基金销售、互联网保险、互联网信托和互联网消费金融的监管职责分工，明确了业务边界，开辟了中国互联网金融法治的道路。

1. 非法集资成互联网金融的软肋或盲点

据财新网报道，仅2015年1月至8月，全国涉嫌非法集资的立案就在3000件左右，涉案金额超过1500亿元。该数据没有包括最近爆发的e租宝、大大集团、泛亚等地震级案件。

据零壹研究院数据中心不完全统计，截至2015年11月30日，全国P2P（个人对个人）网络借贷平台共3464家（仅包括有线上业务的平台），成交金额累计达到12314.73亿元，登上万亿元规模，其中正常运营的仅有1876家。每2家平台，就有1家是问题平台。

显而易见，互联网金融的软肋或盲点是非法集资。互联网金融要与非法集资保持距离，才能防范互联网金融风险。

互联网金融风险包括三个方面：一是商业风险，如因借款人还不上或有意不还而造成的违约风险、超过基准利率4倍而不受保护的利率风险、用以处理赔偿的救济风险、征信体系尚未建立下的信用风险以及运营风险等；二是刑事风险，主要是非法集资风险；三是行政风险。

根据《中华人民共和国刑法》《最高人民法院关于审理非法集资刑事案件具体应用法律若干问题的解释》和最高人民法院、最高人民检察院、公安部《关于办理非法集资刑事案件适用法律若干问题的意见》的相关规定，中国的"非法集资罪"包含了7种犯罪行为，譬如：向社会公众即社会不特定对象吸收资金，构成非法吸收公众存款罪；以非法占有为目的，使用虚构事实、隐瞒真相等诈骗方法非法集资，构成集资诈骗罪；未经国家有关主管部门批准，向社会不特定对象发行、以转让股权等方式变相发行股票或者公司、企业债券，或者向特定对象发行、变相发行股票或者公司、企业债券累计超过200人的，构成擅自发行股票、公司、企业债券罪；在招股说明书、认股书、公司、企业债券募集办法中隐瞒重要事实或者编造重大虚假内容，发行股票或者公司、企业债券，构成欺诈发行股票、债券罪；广告经营者、广告发布者违反国家规定，利用广告为非法集资活动相关的商品或者服务做虚假宣传，构成虚假广告罪，等等。

针对上述情况，防范互联网金融风险的措施，应当从监管层和互联网金融企业主体两个角度来发力。对于监管层而言，一是推进利率市场化；二是建立完善的企业和个人征信体系；三是出台政策法规、营造法治环境。对于互联网金融企业来说，除了把互联网金融企业做成"百年老店"，还应该从以下四方面入手：第一，严禁把互联网金融企业变成资金池，否则容易存在刑事风险；第二，不要向客户做免费的担保；第三，保护出资人的利益，包括信息安全和隐私保护；第四，建立风险准备金，把互联网金融企业利润按一定比例提取风险准备金，一旦发生风险可以建立起追偿权制度；第五，购买互联网金融业务商业保险，用增加成本的方式降低风险。

2. 互联网金融法治路线图

《关于促进互联网金融健康发展的指导意见》支持互联网企业依法合规设立互联网支付机构、网络借贷平台、股权众筹融资平台、网络金融产品销售平台，建立服务实体经济的多层次金融服务体系，更好地满足中小微企业和个人投融资需求，进一步拓展普惠金融的广度和深度；鼓励电子商务企业在符合金融法律法规的条件下自建和完善线上金融服务体系，有效拓展电商供应链业务。

互联网企业在获得金融牌照之前，可与各类金融机构开展合作，构建新的互联网金融生态环境和产业链。第三方支付机构和网络贷款平台可以与商业银行合作，购买商业银行的资金存管、支付清算等金融服务。互联网企业可以参股小微金融机构，探索混合所有制改革的同时，实现商业模式创新。互联网企业可以与证券公司、基金公司、信托公司、消费金融企业和期货公司等开展合作，广开金融产品销售渠道，创新财富管理模式。互联网企业可以与保险公司合作，在提升社会各界的风险抵御能力的同时，实现双赢。

由于互联网金融本质上属于金融，但互联网企业只有互联网牌照，并没有金融牌照，这就需要给互联网企业发放金融牌照。如果管理层能够给互联网金融发放金融牌照，民营企业要想获得金融牌照，通过互联网企业就能够获得金融牌照。因此，互联网金融对传统金融机构的冲击是双重的：一是互联网金融的业务冲击；二是通过获得金融牌照对传统金融机构形成的竞争冲击。

不管能否获得金融牌照，不同的互联网金融种类应当遵守相应的基本业务规则：个体网络借贷业务及相关从业机构应遵守合同法、民法通则等法律法规以及最高人民法院相关司法解释，相关从业机构应坚持平台功能，不得非法集资；网络小额贷款应遵守现有小额贷款公司监管规定；股权众筹融资应定位于服务小微企业和创新创业企业；互联网基金销售要规范宣传推介，充分披露风险；互联网保险应加强风险管理，完善内控系统，确保交易安全、信息安全和资金安全；信托公司、消费金融公司通过互联网开展业务的，要严格遵循监管规定，加强风险管理，确保交易合法合规，并保守客户信息；信托公司通过互联网进行产品销售及开展其他信托业务的，要遵循合格投资者监管规定，审慎甄别客户身份和评估客户风险承受能力，不能将产品销售给予风险承受能力不相配的客户。

互联网金融本质上是金融，互联网金融同样有金融风险的隐蔽性、传染性、广泛性和突发性。

互联网金融风险有如下特点：①信用风险大，互联网金融违法、违约成本较低，容易诱发恶意骗贷、卷款跑路等风险问题；②网络安全风险大，网络金融犯罪问题不容忽视，消费者的资金权益和个人信息权益容易受到侵害；③经营风险大，网络故障或遭遇黑客攻击，互联网金融的正常经营会中断；④法律风险大，容易引发非法集资等问题；⑤效益风险大，市场普遍认为互联网金融有商机的时候，互联网金融已经不再是蓝海，互联网金融的同质化激烈竞争导致利润率降低。

只有充分防范互联网金融风险，才能实现互联网金融的趋利避害，促进互联网金融健康发展，兑现互联网金融创新。

防范互联网金融风险，就得对互联网金融活动进行规范。《关于促进互联网金融健康发展的指导意见》是一个宏观指导意见，并没有多少可操作的规范。因此，防范互联网金融风险，保障互联网金融创新，需要对互联网金融活动进行立法。

根据《中华人民共和国立法法》第八十条规定，部门规章不得设定减损公民、法人和其他组织权利或者增加其义务的规范，不得增加本部门的权力或者减少本部门的法定职责，为了防止政府部门自利而忽视公共利益，应当出台互联网金融的法律，起码出台互联网金融的行政法规。

将互联网金融与"互联网+"普惠金融融合起来，专门进行《中华人民共和国互联网金融促进法》立法，目的是促进互联网金融健康发展，全面提升互联网金融服务能力和普惠水平，鼓励互联网与金融机构的创新，为大众提供丰富、安全、便捷的金融产品和服务，更好满足不同层次实体经济的投融资需求。

既然互联网金融本质上是金融，互联网金融用于满足实体经济的投融资需求，可以用《中华人民共和国投资法》（以下简称《投资法》）和《中华人民共和国借贷法》（以下简称《借贷法》）两部立法替代《中华人民共和国互联网金融促进法》，既填补中国《投资法》和《借贷法》的空白，又将《投资法》和《借贷法》用于传统金融和互联网金融。

解决了互联网金融无法可依的问题以后，才会面临互联网金融的执法问题。由此可见，《关于促进互联网金融健康发展的指导意见》只是互联网金融法治的开端。互联网金融法治与整个中国的法治建设一样，任重而道远。

P2P网络借贷运营如何法治化

新华社旗下的《金融世界》与中国互联网协会联合发布了《中国互联网金融报告（2014）》，其中显示，截至2014年6月，P2P网贷平台达1263家，上半年成交金额近1000亿元，接近2013年全年成交金额。预计到2014年年底，月成交额将超过300亿元，全年累计成交额将超过3000亿元。

P2P发展势头迅猛毋庸置疑，但P2P的定位是什么？担保在P2P运营中扮演什么角色？P2P运营如何实现法治化？互联网金融市场需要找到这三个至关重要问题的答案。

1. P2P是网络版民间借贷

P2P小额借贷是一种将小额度的资金聚集起来借贷给有资金需求人群的商业模式。这种商业模式的社会价值主要体现在满足个人资金需求、发展个人信用体系和提高社会闲散资金利用率三个方面。该模式由2006年"诺贝尔和平奖"得主、孟加拉国的穆罕默德·尤努斯教授首创，在中国则由著名经济学家茅于轼教授在山西省的一个小山村开始践行。

P2P网络借贷模式方面，全球第一家P2P网贷平台Zopa由4位英国年轻人于2005年3月共同创立于英国。在Zopa网站上，贷款者列出金额、利率和想要贷出款项的时间，而借款者则根据用途、金额搜索适合的贷款产品，Zopa则向借贷双方收取一定的手续费，而非赚取利息。

中国金融市场上一直存在"两多两少"的现象：民间资金多，投资渠道少；中小企业多，银行贷款少。"两多两少"现象产生了民间借贷的巨大需求。

P2P网络借贷，是市场主体通过网络第三方平台的撮合，向其他市场主体提供小额借贷的商业模式，是一种网络版民间借贷。网络借贷平台是典型的民间借贷中介组织，为借贷双方解决信息不对称问题并撮合交易，属于合同法上的居间人。

中国巨大的市场和参与者的创新精神使中国的P2P网络借贷已经形成五大模式：以拍拍贷为代表的纯线上无担保模式；以宜信为代表的纯线下模式；以红岭创投为代表的线上有担保模式；以人人贷为代表的线上线下相结合模式；以人人聚财为代表的担保机构合作交易模式。

由于现有的法律制度对中国P2P网络借贷的性质缺乏界定，中国P2P网络借贷模式的多样性造成了市场的认识混乱，市场不清楚P2P网络借贷究竟属于投资，还是借贷？P2P网络借贷是直接融资，还是间接融资？

从P2P网络借贷名称和性质上看，用款人需要还本付息，P2P网络借贷是借贷，不是理财产品一类的投资。网络借贷平台促成借款人和贷款人直接交易，P2P网络借贷实质上是直接融资，不同于商业银行先向众多客户借钱，再向众多客户贷款，商业银行借贷是间接融资。

2. P2P平台担保非法律禁区

互联网金融市场正在讨论是否禁止P2P平台提供担保的问题。监管政策是否有权禁止P2P平台提供担保，《中华人民共和国担保法》（以下简称《担保法》）能够作出回答。

《担保法》的立法目的是促进资金融通和商品流通，保障债权的实现，发展社会主义市场经济。《担保法》第二条规定，在借贷、买卖、货物运输、加工承揽等经济活动中，债权人需要以担保方式保障其债权实现的，可以依照《担保法》的规定设定担保。P2P平台提供担保既符合《担保法》的立法目的，又在《担保法》规定的范围内，P2P平台提供担保原则上是合法的。

《最高人民法院关于适用〈中华人民共和国担保法〉若干问题的解释》第一条规定："当事人对由民事关系产生的债权，在不违反法律、法规强制性规定的情况下，以担保法规定的方式设定担保的，可以认定为有效。"

根据这些规定，作为公司的P2P平台以盈利为目的，不属于行政机关和公益机构，在不违反法律、法规强制性规定的情况下，以担保法规定的方式设定的担保是有效的。

在实践中，提供担保不需要任何资质，即使是专门从事担保的公司都不需要担保牌照。任何法律主体都有权提供担保，只是行政机关和公益机构提供的担保是无效的而已。禁止P2P平台提供担保，剥夺了P2P平台公司的经营自主权，违反了《担保法》的规定。因此，不应当出台禁止P2P平台提供担保的监管政策。

但P2P平台可以毫无限制地提供担保吗？从公共利益出发，为了保障P2P平台能够正常运营，防范P2P平台倒闭风险，P2P平台不得提供以下3种担保：

（1）P2P平台避免向贷款人（债权人）提供免费担保。P2P平台对贷款人提供免费担保，表面上对贷款人负责，如果P2P平台因兑现担保而倒闭，实质上对贷款人是不利的。担保相当于第二重借款，一旦借款人（债务人）还不上借款，担保人就得承担向贷款人还款的风险。承担风险、付出成本而没有收益，不符合市场经济原则。P2P平台收取担保费，可以对冲担保形成的风险，保障P2P平台的正常运营。

（2）累计担保额不得超过P2P平台公司的净资产。如果P2P平台公司的累计担保额超过了其净资产，一旦承担了担保责任，P2P平台公司就破产了，P2P平台正常运营就难以为继。

（3）P2P平台不得进行担保欺诈。如果P2P平台公司没有担保能力或欠缺相应的担保能力而对平台客户提供担保，P2P平台公司构成欺诈，根据《中华人民共和国消费者权益保护法》（以下简称《消费者权益保护法》）第五十五条规定，应当按照客户的要求增加赔偿其受到的损失，增加赔偿的金额为客户接受服务的费用的3倍。这会引起P2P平台的正常运营风险，甚至导致P2P平台倒闭。

P2P平台直接提供担保，与P2P平台和其他企业合作提供担保，在效用上和法律后果上没有多大区别。看起来，P2P平台不是能不能提供担保的问题，而是怎样合理、合法提供担保的问题。

3. 法治保障中国成为最大的市场

2014年6月19日发布的《中国P2P借贷服务行业白皮书（2014）》显示，2012年之前，P2P平台倒闭的总数量约为20家，而在2013年一年的时间里，问题平台的数量就超过此前倒闭平台总数的3倍，达到70家左右。而P2P网络借贷平台出现问题，会给借款人和贷款人带来已发生业务收尾不确定性和新业务无法发生的风险。

如何防范和化解P2P网络借贷风险？要依靠法治。市场经济是法治经济，法治可以营造良好的经商环境，能够降低市场主体的成本，提高市场主体的效率，保障市场主体经营管理的确定性。因此，法治是中国最大的市场，互联网金融市场和P2P网络借贷市场也不例外。

就P2P网络借贷市场而言，作为消费者的借款人和贷款人、P2P网络借贷平台和监管部门，都要对P2P市场法治作出贡献。

借款人和贷款人需要具备诚实信用和遵守合同的法治精神。借款人应当严格遵循"欠债还钱，天经地义"的原则。贷款人应当知道，虽然贷款不具有投资的风险，但借款人还本付息只是合同约定，事实上贷款照样有血本无归的风险。

P2P网络借贷平台应当坚守的法治底线，是对自己和消费者负责，切忌触及非法集资的红线。根据《中华人民共和国刑法》（以下简称《刑法》）、《最高人民法院关于审理非法集资刑事案件具体应用法律若干问题的解释》和最高人民法院、最高人民检察院、公安部《关于办理非法集资刑事案件适用法律若干问题的意见》的相关规定，P2P网络借贷平台要严格防范非法吸收公众存款，集资诈骗，擅自发行股票、公司、企业债券，欺诈发行股票、债券，非法经营，虚假广告和组织、领导传销活动这7种"非法集资"犯罪行为。

监管部门是P2P网络借贷市场的裁判，应当为P2P网络借贷市场提供公平正义的法治环境：一是制定和实行利率市场化的政策和法律，降低资金成本；二是建立和完善企业和个人征信体系，降低社会信用风险；三是为民间投资和民间借贷立法，让P2P和其他互联网金融的运作和创新有法可依。

众筹离非法集资有多远

众筹本来属于互联网金融的一个种类，随着2014年全球众筹峰会在北京召开，即使不能说众筹现在比互联网金融更热，起码也可以说众筹与互联网金融一样火热。本土创业型众筹网站像雨后春笋一样冒出、互联网巨头入局、海外巨头入侵，共同掀起了众筹大战。

与此同时，市场对众筹的最大质疑，是众筹与非法集资的区别。众筹需要理清创新与法律红线的边界，才能立于不败之地。

1. 众筹能筹到什么

根据全球最大的中文经管百科"MBA智库百科"的资料，众筹（crowd funding）即大众筹资，是一种"预消费"模式，用"团购+预购"的形式，向公众募集项目资金。众筹利用互联网和SNS（社会性网络服务）传播的特性，让小企业家、艺术家或个人对公众展示他们的创意，争取大众的关注和支持，进而获得所需要的资金援助。

2014年4月底，中国人民银行发布的《中国金融稳定报告（2014）》，明确将众筹列为互联网金融的几大模式之一。严格意义上的众筹不一定会涉及直接的经济回报，捐资者或投资者不一定有股权。目前互联网金融市场出现4种众筹模式：捐赠式众筹、回报类众筹、股权类众筹和债权类众筹。捐赠式众筹适用于NGO（非政府组织）等公益项目；回报类众筹长于科技、设计、艺术和出版等领域，属于奖励式众筹，捐资者或投资者不会得到经济和投资收益，而是实物、成就感等回报；股权类众筹通过互联网平台筹集股权资金；在互联网平台进行P2P借贷属于债权类众筹。

通过案例能更加明晰地理解众筹。Kickstarter（成立于美国的众筹网站平台）和IndieGogo（众筹网站）等众筹网站的定位是：为设计师和其他创新者建立与资金提供者的联系，帮助设计师或创新者实现创新梦想。在Kickstarter网站上，已有近300万人为约3万个项目提供了资助，投资总额达到3亿美元。

2014年3月26日，阿里巴巴数娱事业部推出互联网金融平台"娱乐宝"。客户通过手机淘宝只要出资100元，即可投资热门影视剧作品，投资预期年化收益7%，投资人有机会享受剧组探班、明星见面等娱乐权益。与娱乐宝对接的是一款名为"国华华瑞1号终身寿险A款"的投资连结保险产品。从传统保险的角度看，"国华华瑞1号终身寿险A款"产品类似于互联网众筹模式。

一个加纳妇女以众筹的方式，融资300美元买小推车上街卖食物，以养活自己和孩子。2013年诺贝尔经济学奖得主、美国耶鲁大学经济学教授罗伯特·席勒（Robert Shiller）曾为这个加纳妇女的众筹提供了25美元。席勒认为，互联网金融最重要的，是能够改变那些最需要改变的人的命运。席勒主张，众筹网站让每一个个体能够以公司的形式开展投资，提供了小额信贷和小额金融资产的借贷方式。

众筹本质上是分享式经济，通过互联网信息化平台高效、精确地对接资源和需求。美国的Airbnb（爱彼迎）、Uber（优步），中国的PP租车、快播、滴滴打车，都是分享式经济的产物。众筹最初的目的是帮助有梦想、有创意的人快速筹集资金。发展到现在，众筹能筹到资金、创意、技术、管理和需求等各种各样的资源，体现出平等、开放的互联网思维，谱写着金融民主和以人为本的新经济。

众筹的优越性有很多，但众筹项目失败、资金链断裂、平台倒闭、商业欺诈、网络袭击等风险同样不可忽视，最重要的是众筹不能成为非法集资的工具。

2. 众筹与非法集资的距离

根据《中华人民共和国刑法》《最高人民法院关于审理非法集资刑事案件具体应用法律若干问题的解释》和最高人民法院、最高人民检察院、公安部《关于办理非法集资刑事案件适用法律若干问题的意见》的相关规定，中国的"非法集资罪"包含了以下7种犯罪行为：

（1）向社会公众即社会不特定对象吸收资金，构成非法吸收公众存款罪。在向亲友或者单位内部人员吸收资金的过程中，明知亲友或者单位内部人员向不特定对象吸收资金而予以放任的，也构成非法吸收公众存款罪。以吸收资金为目的，将社会人员吸收为单位内部人员，并向其吸收资金的，还构成非法吸收公众存款罪。

（2）以非法占有为目的，使用虚构事实、隐瞒真相等诈骗方法非法集资，构成集资诈骗罪。

（3）未经国家有关主管部门批准，向社会不特定对象发行、以转让股权等方式变相发行股票或者公司、企业债券，或者向特定对象发行、变相发行股票或者公司、企业债券累计超过200人的，构成擅自发行股票、公司、企业债券罪。

（4）在招股说明书、认股书、公司、企业债券募集办法中隐瞒重要事实或者编造重大虚假内容，发行股票或者公司、企业债券，构成欺诈发行股票、债券罪。

（5）违反国家规定，未经依法核准擅自发行基金份额募集基金，构成非法经营罪。

（6）广告经营者、广告发布者违反国家规定，利用广告为非法集资活动相关的商品或者服务做虚假宣传，构成虚假广告罪。

（7）组织、领导以推销商品、提供服务等经营活动为名，要求参加者以缴纳费用或者购买商品、服务等方式获得加入资格，并按照一定顺序组成层级，直接或者间接以发展人员的数量作为计酬或者返利依据，引诱、胁迫参加者继续发展他人参加，骗取财物，扰乱经济社会秩序的传销活动的，构成组织、领导传销活动罪。

由此可见，众筹与非法吸收公众存款，集资诈骗，擅自发行股票、公司、企业债券，欺诈发行股票、债券，非法经营，虚假广告和组织、领导传销活动这7种犯罪行为有天壤之别。

但在众筹活动中，如果涉及这7种犯罪行为时，众筹与非法集资之间的距离就是零距离，众筹就成了非法集资的工具。只有众筹与这7种犯罪行为保持距离，众筹才能走得更远。

3. 众筹如何走得更远

让众筹与非法集资保持距离，众筹应当履行如下三个方面的职责和

义务:

第一,众筹要坚持平台功能。众筹是什么?通俗地讲,众筹就是众人筹一笔钱,联合起来干点大大小小的事业。但一般情况下,众筹应当以帮助别人成就事业为自己的事业。中国有13多亿人,如果一个众筹网向每人筹集一元,这个众筹网就有了13多亿元,但同时该众筹网就有了非法集资的嫌疑。需要理清创新与法律红线的边界:众筹要坚持平台功能,不能把众筹做成资金池或变相搞资金池。

第二,众筹要保护投资人。众筹除了要善于为人做嫁衣外,还要对投资人能力进行甄别,以便保护投资人。美国对众筹进行规范,形成了JOBS法案:区分认证投资人与非认证投资人,并分别限制单个投资者在12个月内被允许投资于股权众筹类企业的投资额上限。对于年收入或净资产低于10万美元的非认证投资人,JOBS法案设定的投资上限为2000美元,或年收入/净资产的5%,三者以高者为准。对于年收入/净资产高于10万美元的认证投资人,JOBS法案设定的投资上限为年收入/净资产的10%,但最多不超过10万美元。中国有必要借鉴吸收众筹对投资人保护的美国法律规定。

第三,众筹要进行线下操作。为了防范和化解众筹风险,众筹在线上预约投资或达成投资意向,坚持不实行标准化操作,就每个众筹项目进行具体商谈,完成线下操作,以便投资人控制风险。

如果中国的监管机构能够把众筹的创新与合法性规范好,天空才是众筹的极限。据世界银行预测,2025年全球众筹市场规模将达到3000亿美元,中国市场将占到500亿美元。

众筹的资源整合能力和资源配置能力推动了多领域的融合,众筹体现了公平正义和效率更高的市场经济特性,众筹为中国社会筹集了创新的无限想象力。

互联网金融监管博弈

如果说2013年是中国的互联网金融元年的话，2014年就是互联网金融的监管元年。监管层动作频频，既要支持互联网金融的发展创新，又要监管互联网金融的风险。但监管措施投放市场之后往往引起争议，很难达到理想的监管目标。

互联网金融的前途在哪里，互联网金融向何处去？

1. 互联网金融不是金融机构

互联网金融是指借助于互联网技术、移动通信技术，依托于支付、云计算、社交网络和搜索引擎等互联网工具，实现资金融通、支付和信息中介等业务的一种新兴金融。互联网金融不是互联网和金融业的简单结合，而是传统金融行业与"开放、平等、协作、分享"的互联网精神相结合的新兴领域。

互联网金融是金融机构吗？没有人认为腾讯、阿里巴巴、百度等互联网企业是金融机构，反而有证据证明互联网金融不是金融机构：一是从事互联网金融的互联网企业没有经营金融业务许可证；二是金融监管当局"一行三会"中银监会、证监会、保监会没有监管互联网金融的法律依据，只有《中华人民共和国中国人民银行法》第五章规定中央银行有宏观的金融监督管理权；三是全世界范围内没有形成互联网金融监管模式。

可见，互联网金融名为金融，实质上不是金融机构，而"金融互联网"名为互联网，实质上是金融机构。

金融机构利用互联网解决信息不对称问题，把互联网作为提高金融工作效率的平台或渠道工具，形成互联网金融。支付宝是互联网产品，不是金融产品，天弘基金与阿里巴巴合作利用支付宝形成的余额宝，是金融产品，也是互联网产品。

互联网金融是一种涉及金融的创新，涉及金融就有金融风险，监管当局不会对互联网金融中的公共利益袖手旁观。但由于互联网金融不是金融机构，如何监管互联网金融成为一个难题。

既然互联网金融不是金融机构，除非给互联网企业发放金融牌照，"一行三会"没有权力直接监管互联网金融。根据《中华人民共和国中国人民银行法》《中华人民共和国商业银行法》（以下简称《商业银行法》）、《中华人民共和国信托法》（以下简称《信托法》）、《中华人民共和国证券法》（以下简称《证券法》）和《中华人民共和国保险法》（以下简称《保险法》）等法律，"一行三会"只能通过监管金融机构间接监管互联网金融。

2. 发展前途取决于监管博弈

互联网金融无非有4个发展前途：①互联网金融既实现了发展创新，又没有产生系统性或区域性金融风险。②互联网金融实现了发展创新，但也产生了系统性或区域性金融风险。③互联网金融没有实现发展创新，也没有产生系统性或区域性金融风险。④互联网金融没有实现发展创新，但产生了系统性或区域性金融风险。

监管当局自然最希望互联网金融既实现发展创新，又没有产生系统性或区域性金融风险，最想避免的是互联网金融虽然没有实现发展创新，但是产生了系统性或区域性金融风险。显然互联网金融的发展前途，不取决于监管当局的主观意愿，而取决于各种利益主体在互联网金融市场的监管博弈。

在监管博弈结局明朗之前，监管当局应当确立监管的"四项基本原则"：

第一，依法监管的原则。"一行三会"应根据《中国人民银行法》《商业银行法》《信托法》《证券法》和《保险法》等法律授权行事，依法监督互联网金融市场主体合法创新，只要法律没有禁止的，应允许互联网金融市场主体去尝试。

第二，捍卫公共利益的原则。不管是金融机构，还是互联网企业，只要触犯了公共利益，监管当局就要出面制止。捍卫公共利益，不仅是监管当局的职权，也是监管当局的义务。

第三，事后监管的原则。互联网金融是新生事物，监管当局不是创新主体，无法预知互联网金融的创新和风险。因此，监管当局应当摒弃计划经济思维，不为互联网金融事先制定条条框框，而应当经过实践检验后实行事后监管。

第四，线上、线下一致性原则。应防止互联网金融冲击"非法集资"的法律红线。不管金融机构由手工处理业务向电子化、网络化怎样转型，不管金融机构与互联网企业如何合作，金融的本质属性不会改变，金融监管的原则应当一致。《刑法》中线下禁止的非法吸收公众存款和集资诈骗这两种"非法集资"，线上交易亦不例外。

监管当局不能容忍金融机构虚假宣传，当然也不能容忍"宝宝们"标榜的货币基金"零风险"。新闻媒体曝光的宜信坏账、旺旺贷跑路等事件，淘金贷、众贷邦等P2P网站倒闭，把互联网金融的风险暴露无遗，但只要监管当局运用监管的"四项基本原则"，问题都能迎刃而解。

3. 发挥互联网金融的鲇鱼效应

中国金融市场的现状是，一方面存在大量保守、靠吃政策饭活得很滋润的国有金融机构；另一方面存在一些发展速度很快、极具创新颠覆精神的互联网企业。管理层拥有做聪明渔夫的良好机会，把金融机构和互联网企业放在一起，让它们自由排列组合，产生鲇鱼效应。

现有的中国互联网金融种类，大多来源于学习发达国家互联网金融模式，加以中国化后进行模仿性创新。要有中国自主性的互联网金融种类，实现世界范围的颠覆性创新，只有给予金融机构和互联网企业更大的自由度，让其与对方相互融合，让金融的本质与互联网的本质产生碰撞。

合理发挥和运用互联网金融的鲇鱼效应，使现有金融机构活跃起来，抛弃垄断思维和做法，主动投入市场积极参与竞争，向实体企业和国民提供全方位、不间断的金融服务，激活和提升中国金融业的国际竞争力，消除金融抑制，实现平等、开放、创新的普惠金融。

据《每日经济新闻》记者统计，截至2014年4月已有38家基金公司旗下47只货币基金对接各类互联网金融"宝宝"类产品，其中披露一季报的42只总规模已突破1.02万亿份，利润合计110.72亿元。虽然与BAT（百度、阿里、腾讯）三巨头合作的货币基金仍走在前面，但银行和其他互联网企业如苏宁、京东等的合作已在尽快赶上。

2014年以来，面对"余额宝"等互联网金融的鲇鱼效应，金融机构纷纷推出自己的互联网金融产品，平安银行有平安盈，中国银行有中银活期宝，民生银行有如意宝，工商银行有工银现金宝，兴业银行联手大成基金推出兴业宝，中信银行与诚信基金合作推出薪金宝。

兴业宝支持多家银行卡，投资者持有任意一张银联卡，就可以在兴业银行直销银行在线开户，购买兴业宝账户所对接的大成现金增利货币市场基金。兴业宝的开户流程十分快捷，支持T+0（国际上普遍使用的证券交易制度）快速赎回，转入转出没有任何手续费。兴业宝的优势在于，投资门槛低至1分钱，申赎上限宽泛，赎回效率更快，兴业宝由银行托底，安全性更佳。

薪金宝拥有全自动模式。客户办理中信银行卡后，可设定一个最低金额，超出部分将自动转为货币基金，而在客户需要使用资金时，不必再发出赎回指令，可通过ATM（自动取款机）直接取款或直接刷卡消费，中信银行的后台会自动实现货币基金的快速赎回。薪金宝在不影响客户日常支付的同时，可以为客户提供更高的收益率。

在互联网金融的冲击下，各家商业银行都开始筹谋创新，争抢活期存款账户，而在互联网金融元年之前商业银行根本不屑于这样做，如今商业银行被互联网金融鲇鱼逼着不得不这样做。

互联网金融不仅引发互联网企业的激烈竞争，更引发了金融机构之间抢着对客户好，推出更多受客户欢迎的金融产品和服务。如果互联网金融能倒逼中国金融改革，互联网金融就是让中国社会幸运的鲇鱼。

互联网金融法治空间大

2015年7月18日，中国人民银行、工业和信息化部、公安部、财政部、国家工商总局、国务院法制办、中国银行业监督管理委员会、中国证券监督管理委员会、中国保险监督管理委员会、国家互联网信息办公室联合发布了《关于促进互联网金融健康发展的指导意见》（以下简称《指导意见》），第一次对中国的互联网金融活动做出规范，开辟了中国互联网金融法治的道路。

1. 激发金融机构创新动力

按照《中华人民共和国立法法》（以下简称《立法法》）第八十一条规定，该《指导意见》属于国务院有关部门联合制定的部门规章，不属于行政法规。

该《指导意见》给互联网金融下了一个定义：传统金融机构与互联网企业利用互联网技术和信息通信技术实现资金融通、支付、投资和信息中介服务的新型金融业务模式。

该《指导意见》对互联网金融首次表态："鼓励创新、防范风险、趋利避害、健康发展"，对互联网金融定性为"本质仍属于金融"，明确了发展互联网金融的市场导向，目的是维护公平竞争的市场秩序。

该《指导意见》界定了各部门的互联网金融监管职责和范围：人民银行负责监管互联网支付业务；银监会负责监管网络借贷业务、互联网信托业务和互联网消费金融业务；证监会负责监管股权众筹融资业务和互联网基金销售业务；互联网保险业务由保监会负责监管。

该《指导意见》鼓励金融机构依托互联网技术，实现传统金融业务与服务转型升级，积极开发基于互联网技术的新产品和新服务。鼓励金融机构创新，说明金融机构原先缺乏创新动力。由于金融牌照存在历史遗留的垄断现象，金融机构即使不创新，日子照样过得很滋润，赚钱多得不好意思说，就失去了创新的强劲动力。要让金融机构产生创新驱动力，就要打破金融垄断，鼓励竞争。

鼓励金融竞争，才能鼓励金融创新，激发传统金融机构和互联网金融的创新动力。

2. 互联网金融应获金融牌照

该《指导意见》支持互联网企业依法合规设立互联网支付机构、网络借贷平台、股权众筹融资平台、网络金融产品销售平台，建立服务实体经济的多层次金融服务体系，更好地满足中小微企业和个人投融资需求，进一步拓展普惠金融的广度和深度；鼓励电子商务企业在符合金融法律法规的条件下自建和完善线上金融服务体系，有效拓展电商供应链业务。

互联网企业在获得金融牌照之前，可与各类金融机构开展合作，构建新的互联网金融生态环境和产业链。第三方支付机构和网络贷款平台可以与商业银行合作，购买商业银行的资金存管、支付清算等金融服务。互联网企业可以参股小微金融机构，探索混合所有制改革的同时，实现商业模式创新。互联网企业可以与证券公司、基金公司、信托公司、消费金融企业和期货公司等开展合作，广开金融产品销售渠道，创新财富管理模式。互联网企业可以与保险公司合作，在提升社会各界的风险抵御能力的同时，实现双赢。

由于互联网金融本质上属于金融，但互联网企业只有互联网牌照，并没有金融牌照，这就需要给互联网企业发放金融牌照。如果管理层能够给互联网金融发放金融牌照，民营企业要想获得金融牌照，通过互联网企业就能够获得金融牌照。因此，互联网金融对传统金融机构的冲击是双重的：一是互联网金融的业务冲击；二是通过获得金融牌照对传统金融机构形成竞争冲击。

不管能否获得金融牌照，不同的互联网金融种类应当遵守相应的基本业务规则：个体网络借贷业务及相关从业机构应遵守合同法、民法通则等法律法规以及最高人民法院相关司法解释，相关从业机构应坚持平台功能，不得非法集资；网络小额贷款应遵守现有小额贷款公司监管规定；股权众筹融资应定位于服务小微企业和创新创业企业；互联网基金销售要规范宣传推介，充分披露风险；互联网保险应加强风险管理，完善内控系统，确保交易安全、信息安全和资金安全；信托公司、消费金融公司通过互联网开展业务的，要严格遵循监管规定，加强风险管理，确保交易合法合规，并保护客户信息；信托公司通过互联网进行产品销售及开展其他信托业务的，要遵循合格投资者监管规定，审慎甄别客户身份和评估客户风险承受能力，不能将产品销售给予风险承受能力不相配的客户。

3. 互联网金融法治任重而道远

互联网金融本质上是金融，互联网金融同样有金融风险的隐蔽性、传染性、广泛性和突发性。

互联网金融风险有如下特点：①信用风险大，互联网金融违法、违约成本较低，容易诱发恶意骗贷、卷款跑路等风险问题；②网络安全风险大，网络金融犯罪问题不容忽视，消费者的资金权益和个人信息权益容易受到侵害；③经营风险大，网络故障或遭遇黑客攻击，互联网金融的正常经营会中断；④法律风险大，容易引发非法集资等问题；⑤效益风险大，市场普遍认为互联网金融有商机的时候，互联网金融已经不再是蓝海，互联网金融的同质化激烈竞争导致利润率降低。

只有充分防范互联网金融风险，才能实现互联网金融的趋利避害，促进互联网金融健康发展，兑现互联网金融创新。

防范互联网金融风险，就得对互联网金融活动进行规范。《指导意见》是一个宏观指导意见，并没有多少可操作的规范。因此，防范互联网金融风险，保障互联网金融创新，需要对互联网金融活动进行立法。

根据《立法法》第八十条规定，部门规章不得设定减损公民、法人和其他组织权利或者增加其义务的规范，不得增加本部门的权力或者减少本部门的法定职责，为了防止政府部门自利而忽视公共利益，应当出台互联网金融的法律，起码出台互联网金融的行政法规。

将互联网金融与"互联网+"普惠金融融合起来，专门进行《中华人民共和国互联网金融促进法》立法，目的是促进互联网金融健康发展，全面提升互联网金融服务能力和普惠水平，鼓励互联网与金融机构的创新，为大众提供丰富、安全、便捷的金融产品和服务，更好满足不同层次实体经济的投融资需求。

既然互联网金融本质上是金融，互联网金融用于满足实体经济的投融资需求，可以用《投资法》和《借贷法》两部立法替代《中华人民共和国互联网金融促进法》，既填补中国《投资法》和《借贷法》的空白，又将《投资法》和《借贷法》用于传统金融和互联网金融。

解决了互联网金融的无法可依问题以后，才会面临互联网金融的执法问题。由此可见，《关于促进互联网金融健康发展的指导意见》只是互联网金融法治的开端。互联网金融法治与整个中国的法治建设一样，任重而道远。

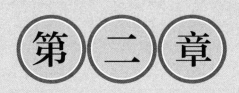

第二章

资本市场监管永远在路上

博元退市的法治效应

2016年3月21日，上交所发布了《关于终止珠海市博元投资股份有限公司股票上市的公告》。

"600656浙江凤凰"作为沪市"老八股"，曾经演绎中国证券市场上"不死鸟"的神话，在A股市场上存续了近26年后退市，以"*ST博元"的简称成为"信披违法被终止上市"的第一股。博元投资退市之于中国证券市场，折射出什么样的法治效应？

1. 博元退市遵循法治轨道

博元投资退市，其投资者的股票势必大大缩水。部分投资者认为，博元投资的违法行为发生在自2014年11月16日起施行的《关于改革完善并严格实施上市公司退市制度的若干意见》（以下简称《退市意见》）之前，由于"法不溯及既往"，《退市意见》不能适用于生效以前的行为和事件。因此，不能对博元投资适用强制退市的规则。

《中华人民共和国公司法》（以下简称《公司法》）第一百四十四条规定："上市公司的股票，依照有关法律、行政法规及证券交易所交易规则上市交易。"自2006年5月19日起施行的《上海证券交易所股票上市规则》和《深圳证券交易所股票上市规则》都在第十四章专门规定了"暂停、恢复和终止上市"。

《证券法》第五十五条规定了证券交易所决定暂停上市公司股票上市交易的5种情形。《证券法》第五十六条则规定了证券交易所决定终止上市公司股票上市交易的5种情形：①公司股本总额、股权分布等发生变化不再具备上市条件，在证券交易所规定的期限内仍不能达到上市条件；②公司不按照规定公开其财务状况，或者对财务会计报告作虚假记载，且拒绝纠正；③公司最近三年连续亏损，在其后一个年度内未能恢复盈利；④公司解散或者被宣告破产；⑤证券交易所上市规则规定的其他情形。

可见，《公司法》《证券法》《上海证券交易所股票上市规则》《深圳证券交易所股票上市规则》早就规定了强制退市规则。强制退市规则并不是《退市意见》的发明，《退市意见》只是《公司法》《证券法》强制退市规则的具体化。博元投资退市于法有据。

博元投资退市也可以直接适用《退市意见》。《退市意见》自2014年11月16日起施行，而*ST博元于2015年3月26日被中国证监会移送至公安机关。

《退市意见》第（六）条"对重大信息披露违法公司实施暂停上市"规定："上市公司因信息披露文件存在虚假记载、误导性陈述或者重大遗漏，受到证监会行政处罚，并且因违法行为性质恶劣、情节严重、市场影响重大，在行政处罚决定书中被认定构成重大违法行为，或者因涉嫌违规披露、不披露重要信息罪被依法移送公安机关的，证券交易所应当依法作出暂停其股票上市交易的决定。"

《退市意见》第（七）条"对重大违法暂停上市公司限期实施终止上市"规定："对于上述因受到证监会行政处罚，或者因涉嫌犯罪被依法移送公安机关而暂停上市的公司，在证监会作出行政处罚决定或者移送决定之日起一年内，证券交易所应当作出终止其股票上市交易的决定。"

在*ST博元因被移交公安机关而暂停上市一年内，上交所终止其上市，均发生在《退市意见》实施之后，不存在"法不溯及既往"的问题。对博元投资实行强制退市，并没有偏离法治轨道，恰恰是遵循了法治轨道，为符合条件的上市公司强制退市开辟了法治道路。由于部分投资者误解了法律规则，才得出不能对博元投资适用强制退市规则的结论。

2. 法治给投资者明确预期

在证券市场实行法治，能够优化资源配置，实现上市公司优胜劣汰，推陈出新，鼓励创新，激励诚信经营的上市公司。法治给予上市公司确定的预期：优秀的公司不仅可以上市，还可以在证券市场发展壮大；没有竞争力、严重违法的公司，即使上了市，也要退市。

一个法治的证券市场，可以给予投资者明确的预期。法治可以建立证券市场的正向激励机制，投资者购买和拥有业绩优良公司的股票，就是在投资，手中的股票会得到分红和增值；如果投资者购买和拥有垃圾股，就是在投机甚至是在赌博，股票不仅不能分红和增值，连投出去的本钱都可能亏损。垃圾股公司退市后，股票价值大打折扣。如果公司退市后，再遭遇破产清算，投资者的投入基本上就打了水漂。

法治不仅能够给予投资者上市公司退市后股票价值折损的明确预期，而且能够给予投资者退市后权利救济的明确预期。博元投资退市后，投资者仍然可以运用法律武器维护自己的合法权益。

《退市意见》第（二十二）条"明确重大违法公司及相关责任主体的民事赔偿责任"规定："上市公司存在本意见规定的重大违法行为，公司及其控股股东、实际控制人、董事、监事、高级管理人员等相关责任主体，应当按照《证券法》《国务院办公厅关于进一步加强资本市场中小投资者合法权益保护工作的意见》的规定，赔偿投资者损失；或者根据信息披露文件中的公开承诺内容或者其他协议安排，通过回购股份等方式赔偿投资者损失。"

《国务院办公厅关于进一步加强资本市场中小投资者合法权益保护工作的意见》第六条"健全中小投资者赔偿机制"规定，督促违规或者涉案当事人主动赔偿投资者。对上市公司违法行为负有责任的控股股东及实际控制人，应当主动、依法将其持有的公司股权及其他资产用于赔偿中小投资者。招股说明书虚假记载、误导性陈述或者重大遗漏致使投资者遭受损失的，责任主体须依法赔偿投资者，中介机构也应当承担相应责任。

根据该意见，监管部门有权督促博元投资当事人主动赔偿投资者。如果博元投资考虑重新上市，便有动力主动赔偿投资者，投资者可直接与博元投资协商并履行赔偿方案。

如果投资者协商谈判能力有限，可通过中国证监会所属的中国证券投资者保护基金公司或中证中小投资者服务中心公司，代表全体受害的投资者与博元投资协调赔偿事宜，以前曾经发生过这样的案例。

如果博元投资当事人不主动赔偿投资者或难以主动赔偿投资者，投资者有权根据《最高人民法院关于审理证券市场因虚假陈述引发的民事赔偿案件的若干规定》，维护自己的合法权益。

证券市场因虚假陈述引发的民事赔偿案件，是指证券市场投资人以信息披露义务人违反法律规定，进行虚假陈述并致使其遭受损失为由，而向人民法院提起诉讼的民事赔偿案件。

博元投资虚假陈述证券民事赔偿案件的被告，应当是虚假陈述行为人，包括：①发起人、控股股东等实际控制人；②发行人或者上市公司；③有证据证明有过错的证券承销商；④有证据证明有过错的证券上市推荐人；⑤有证据证明有过错的会计师事务所、律师事务所、资产评估机构等专业中介服务机构；⑥发行人或者上市公司、证券承销商、证券上市推荐人中负有责任的董事、监事和经理等高级管理人员；⑦有证据证明有过错的会计师事务所、律师事务所、资产评估机构等专业中介服务机构的直接责任人；⑧其他作出虚假陈述的机构或者自然人。

博元投资虚假陈述行为人在证券交易市场承担民事赔偿责任的范围，以投资人因虚假陈述而实际发生的损失为限。投资人的实际损失包括：①投资差额损失；②投资差额损失部分的佣金和印花税；③①和②所涉及的资金利息，自买入至卖出证券日或者基准日，按银行同期活期存款利率计算。

法治可以提高投资者风险防范意识。证券市场的中小投资者应当树立理性投资意识，依法行使权利和履行义务，养成良好投资习惯，不听信传言，不盲目跟风，提高风险防范意识和自我保护能力。在防范风险能力不足时，投资者可聘请专业机构、专业人士，为自己提供专业保护。

用法律治理私有化退市

曾几何时，阿里巴巴B2B板块以13.5港元融资上市，又以13.5港元退市，被评论为马云用5年无息贷款发展了淘宝、天猫、阿里云等业务。2016年2月，聚美优品（NYSE:JMEI）要以7美元的价格即发行价的1/3进行私有化退市，引发一些投资者集体维权。2016年3月30日，上市15个月的万达商业（03699.HK）发布公告称，欲完成私有化退市。2016年4月15日，易居中国（NYSE:EJ）宣布已就公司私有化达成最终的合并协议与计划。

频繁的私有化退市之举，引发了资本市场与投资者的关注。公司有上市和私有化退市的自由，但无权侵犯投资者的合法权益，无权忽视法律的公正和权威。

1. 私有化退市非期货交易

上市公司"私有化"（Privatization），是资本市场一类特殊的并购操作，并购目标是令被收购上市公司除牌，由公众公司变为私人公司，即控股股东把小股东手里的股份全部买回来，扩大自己的股权份额，最终使上市公司退出证券市场。

私有化退市具有杠杆属性。私有化退市是一家公开上市的公司转变成私有化非上市公司的过程，交易一般通过负债和权益相结合的方式进行融资，当大量的融资是负债时具有杠杆属性。

商业银行等外部借贷者以目标公司的股权或其他资产为担保，向控股股东或公司管理层提供收购外部股权所需要的资金。由于私有化退市所需的资金量很大，商业银行等金融机构出于风险考虑，往往不愿意提供过多资金，有些私有化退市借助私募股权基金来完成。

私有化退市具有排挤性特征。上市公司私有化往往由控股股东或管理层发起，中小股东处于弱势地位。大股东通过种种方式对中小股东施加压力，迫使中小股东在有利于实际控制人的条件下退出公司。

在私有化退市过程中，一些公司的目的是通过私有化将少数股东排挤出公司，排除少数股东享受公司发展的成果。内部控制人一般在股权上和信息上占有优势，有足够的控制力促使上市公司完成私有化，中小股东可能会被挤出公司并无奈接受多数股权持有者的安排。私有化退市的排挤性特征对中小股东不公平，往往会侵害中小股东的合法权益。

由于私有化退市具有杠杆属性和排挤性特征，导致有的上市公司大股东或实际控制人将上市公司当作期货一样买卖。如果聚美优品以发行价的1/3实现私有化退市，相当于聚美优品的大股东使用杠杆买多聚美优品，同时排挤中小股东买多聚美优品，只允许中小股东卖空聚美优品。

买卖交易完成后，如果聚美优品的大股东将聚美优品以发行价出售给第三方，聚美优品的大股东就从中小股东处赚了2倍的差价；如果聚美优品私有化退市后重新上市，新发行价是第一次发行价的3倍，聚美优品的大股东就从中小股东处赚到了5倍的差价。

如果商业交易是零和博弈，最终对谁都不好。表面上看来，聚美优品的大股东通过私有化退市，从中小股东处赚了钱，把聚美优品当作期货进行交易，但该交易以聚美优品的信用和形象为代价，聚美优品难以基业常青，最终对聚美优品的大股东不利。

对商业交易来说，大家好才是真的好。如果聚美优品的大股东诚实信用地对待中小股东，虽然利润减少，但只要不损害聚美优品的信用和形象，聚美优品能够改善经营管理，获得持续发展，最终对聚美优品的大股东非常有利。

2. 私有化退市不能忽视法律

中国公司在境外上市，既要遵守境外私有化退市的法律规定，又要遵守中国相关的法律规定。

中国公司在国内上市后的私有化退市，目前没有专门的法律规定，只有《证券法》的宏观规定和中国证监会《退市意见》的部门规章规定。

根据《证券法》的规定，私有化退市应当实行公开、公平、公正的原则，私有化退市各方具有平等的法律地位，应当遵守自愿、有偿、诚实信用的原则，禁止欺诈、内幕交易和操纵证券市场的行为。

2014年11月16日开始实施的《退市意见》，以强制退市为重点，但倡导尊重并保护市场主体基于其意思自治作出的退市决定，不将退市与否作为评判一家公司好坏的绝对标准。

《退市意见》确立了主动退市的途径和方式。上市公司通过对上市地位维持成本收益的理性分析，或者为充分利用不同证券交易场所的比较优势，或者为便捷、高效地对公司治理结构、股权结构、资产结构、人员结构等实施调整，或者为进一步实现公司股票的长期价值，可以依据《证券法》和证券交易所规则实现主动退市。

《退市意见》还明确规定了主动退市公司的内部决策程序。上市公司拟决定其股票不再在交易所交易，或者转而申请在其他交易场所交易或者转让的，应当召开股东大会作出决议，须经出席会议的股东所持表决权的2/3以上通过，并须经出席会议的中小股东所持表决权的2/3以上通过。

在召开股东大会前，上市公司应当充分披露退市原因及退市后的发展战略，包括并购重组安排、经营发展计划、重新上市安排等。独立董事应当针对退市事项是否有利于公司长远发展和全体股东利益充分征询中小股东意见，在此基础上发表独立意见，独立董事意见应当与股东大会通知一并公布。上市公司应当聘请财务顾问为主动退市提供专业服务、发表专业意见并予以披露。

上市公司在履行必要的决策程序后，可以主动向证券交易所提出申请，撤回其股票在该交易所的交易，并决定不再在交易所交易，也可以转而申请在其他交易场所交易或者转让。

上市公司向所有股东或上市公司股东向所有其他股东其他收购人，发出回购全部股份或者部分股份的要约，导致公司股本总额、股权分布等发生变化不再具备上市条件的，其股票按照证券交易所规则退出市场交易。

上市公司因新设合并或者吸收合并，不再具有独立主体资格并被注销的，其股票按照证券交易所规则退出市场交易。

《退市意见》要求加强退市公司投资者合法权益保护。保护投资者特别是中小投资者合法权益，是退市制度的重要政策目标。上市公司退市前负有信息披露义务，防范虚假陈述、内幕交易、操纵市场等违法行为。

主动退市公司应当在其公司章程中对主动退市股东大会表决机制以及对决议持异议股东的回购请求权、现金选择权等作出专门安排。退市公司一旦有违法行为，退市公司及相关责任主体就要承担相应的民事赔偿责任。

公司上市就是公司公众化的过程。上市公司退市，与公司上市的程序相反，就是上市公司的私有化过程。公司上市要符合法律规定，遵循法律程序。私有化退市不是玩过家家，同样不能忽视法律因素。如果私有化退市忽略了法律，一定会受到法律的惩罚。

平等互利和诚实信用是公司最基本的法治原则。不管是上市公司，还是退市公司，都是如此。

补贴上市公司动了谁的奶酪

中国股市停留于熊底两年多之际，新闻媒体于2013年4月密集曝光，A股上市公司获得的政府补贴再创历史新高。

在探讨政府补贴上市公司利弊的时候，补贴上市公司究竟是否合法，是首先要回答的问题。

1. 大多数补贴没有合法性

据同花顺iFinD统计，已公布2012年年报的上市公司数据显示，2012年有1646家上市公司获得各种名目的政府补贴，总额达到564亿元，再创历史新高。而2010年政府补贴上市公司400.35亿元，2011年的补贴额为470.48亿元，呈逐年上升之势。

相应地，近3年每一年都会诞生一名"被补贴冠军"，美的电器以24.99亿元的补贴成为2010年的"被补贴冠军"，中国石油以67.34亿元夺得2011年的"被补贴冠军"，2012年中国石油以94.06亿元的政府补贴获得双连冠。

凡是存在的都是合理的，但并不是凡是存在的都是合法的。从现存法律规定中寻找政府补贴的依据，就能得出答案。

政府补贴没有准确的定义，在会计准则上与政府补贴最接近的是政府补助。根据《企业会计准则第16号——政府补助》第二条规定，政府补助是指企业从政府处无偿取得货币性资产或非货币性资产，但不包括政府作为企业所有者投入的资本。

企业取得的政府补助，从来源上说主要有3类：①财政补助，如财政拨款、财政贴息；②税收返还，包括通过先征后返、即征即退等办法返还的税款；③无偿划拨非货币性资产，如行政划拨的土地使用权、天然林等。

政府补贴的去向是企业。那么，政府补贴的来源是什么？从众多上市公司的公告得知，政府补贴的资金一部分来自中央财政拨付，多数来自省、市等地方政府财政。

根据《中华人民共和国预算法》（以下简称《预算法》）、《中华人民共和国社会保险法》（以下简称《社会保险法》）、《中华人民共和国节约能源法》、《中华人民共和国农业机械化促进法》等相关规定，对上市公司而言，只有从政府获得的节能产品推广和使用补贴、农业机械的农用燃油补贴，才具有合法依据，其他的政府补贴都没有合法性。

《预算法》第十二条和第十三条规定，全国人民代表大会及其常务委员会、地方各级人民代表大会及其常务委员会有预算的决定权和监督权。除法律直接规定的政府补贴外，上市公司获得政府补贴如果得到人大及其常委会的批准，就获得了合法性。

过往上市公司获得的政府补贴，大多数既没有法律直接规定的依据，也没有经过人大及其常委会的批准，因此不具有合法性。没有合法性的上市公司补贴，动了法律的奶酪。

2. 补贴上市公司泛滥成灾

在中国A股市场，有超过九成的公司获得过政府补贴。政府给予上市公司补贴，是中国A股市场普遍存在的现象。

上市公司获得的政府补贴的名目繁多：有产业发展基金和各类奖励，也有搬迁补偿、贷款贴息、上市费用补贴、节能减排补贴、产品推广补贴等，其中贴息成为最常见的补贴项目。

问题是上市公司补贴已经普及化，超出了合法性的范围，有泛滥成灾的趋势。动了法律奶酪的上市公司补贴，不仅损害法律尊严，在经济上也是弊大于利，得不偿失。

首先，补贴上市公司扭曲了科学发展的政绩观。一些地方政府将有多少家上市公司作为政绩和面子，通过政府补贴挽救濒临退市的ST公司，将不正当保有上市公司壳资源作为中国资本市场的"潜规则"，将有限的资源投放给经营不善的企业，造成经济资源错配，不当地强化了以GDP（国民生产总值）为纲。

其次，上市公司补贴破坏了证券市场的有序发展，让股市丧失了优胜劣汰的市场功能。上市公司获得大量政府补贴，导致公司的业绩与其经营业务脱钩，造成会计信息的扭曲，使上市公司公布的业绩并不能真实、客观地反映其盈利水平。2012年以前的5年里，中国A股市场无一家公司退市，就是政府补贴让股市不再优胜劣汰的结果。

再次，政府补贴导致股市劫贫济富，扩大了中国的贫富分化鸿沟。上市公司得到的政府补贴来源于纳税人，通过上市公司将财富分配给公司股东、高管和投资者，将穷人的财富接济富人，结果是穷人愈穷，富人更富。

最后，不正当补贴上市公司的弊端还包括：政府补贴会引发不正当竞争，拿财政资金补贴上市公司，挤压了中小企业的生存空间，对没有上市的公司不公平；政府补贴会让上市公司患上补贴依赖症，上市公司越补越弱，无论是发达国家，还是发展中国家，没有一家公司靠政府补贴成长为有竞争力的公司；政府补贴上市公司模糊了所有权的界限，根据《中华人民共和国物权法》（以下简称《物权法》）的有关规定，国家、政府、事业单位、企业、社会团体、私人分别有自己的所有权，产权应当是清晰的，政府补贴上市公司一旦泛滥，就会逐渐模糊所有权的界限，这是市场经济的大忌；补贴上市公司制造了更多的寻租机会，由于地方政府补贴上市公司的行为不规范，补贴随意性大，信息不公开，会产生政府对上市公司的利益输送，带来腐败和权力寻租；政府补贴会成为中国上市公司走向海外市场的障碍。在中国加入WTO（世界贸易组织）后，中国要受到WTO有关政府补贴的约束，否则就会遭遇反倾销、反补贴对待，不利于中国上市公司国际化。

3. 上市公司补贴何去何从

具有合法性的上市公司补贴，要么对于中国发展节能环保产业有积极作用，要么是经过人大及其常委会批准用于公共开支，提供公共服务，降低社会成本，增进社会效益。

多数专家没有从合法性方面考虑上市公司补贴问题。在假定所有上市公司补贴都合法的前提下，有专家建议，我国要制定《政府补贴法》，对中央政府特别是地方政府的补贴行为严格规范，形成公开、公正、透明的补贴体制，使政府官员不能随便挥霍纳税人的钱，斩断官商勾结的渠道，以利于形成公平的市场竞争环境，使真正具有成长性的企业脱颖而出。

主张制定《政府补贴法》的出发点和归宿点很好，但我国大多数上市公司补贴不合法。制定《政府补贴法》后，把现在不合法的上市公司补贴合法化了。如果现在不合法的上市公司补贴利大于弊，制定《政府补贴法》是有必要的。关键在于，现在不合法的上市公司补贴弊大于利，即使合法化了，照样弊大于利。

我国虽然没有统一的《政府补贴法》，但我国的法律有关于政府补贴企业的规定，只是对法律规定执行乏力。上市公司不能比非上市企业高人一等，不应该有超越于法律的特权，应当严格按照法律规定得到补贴。

不具有合法性的上市公司补贴，动了法律奶酪的上市公司补贴，没有存在的必要性。今后应当禁止发放不具有合法性的上市公司补贴。

不具有合法性的上市公司补贴被禁止发放后，有利于我国实现财政平衡。近十年，我国财政收入平均以两位数的速度增长，政府积累了太多的财富用不完，导致补贴上市公司泛滥成灾。

中国要实现经济转型和结构调整，经济增长速度势必放缓，财政收入增速变小。不合法地补贴上市公司会成为我国财政支出的沉重负担，如果不及时卸下这个负担，上市公司会成为政府永远填不满的无底洞，且中国上市公司的竞争力难以得到实质性的提升。

理清补贴上市公司有没有合法性，是回答上市公司补贴何去何从的前提。不合法地补贴上市公司，政府补贴对上市公司只有短期生存效应，没有长期发展效应。合法地补贴上市公司，政府和上市公司能够实现经济效益和社会效益的双赢。

养老金入市须经法律博弈

在2015年两会记者会上，人力资源和社会保障部表示，未来养老保险基金一部分资金将进入股市，在保障基金绝对安全的前提下，养老保险基金结余资金投资运营坚持市场化、多元化、相对集中运营及加强监管等原则。证监会主张，资本市场可为养老金提供信息公开、产品丰富、交易便捷、运作高效的投资场所，促进养老金保值增值。人社部与证监会一唱一和，似乎养老金入市已箭在弦上。但在养老金入市之前，有必要明晰养老金入市的权力清单和法律依据。

1. 养老金入市权限归属谁

如果人社部与证监会是两个公司，公司"法无禁止即可为"。只要两个公司之间能够在养老金入市方面实现平等互利并形成合意，人社部与证监会签订一个合作合同，养老金入市就可以依约运作了。

人社部与证监会恰恰是两个政府部门，不是两个公司。政府部门要遵循"法无授权不可为""法定职责必须为"的原则。

在中国还是发展中国家和处于社会主义初级阶段的当口，迎来了人口老龄化时代，可用"未富先老"来形容即将到来的中国社会。养老金是全国人民的退休生活养命钱，养老金入市以求保值增值是涉及民生的国家大事。涉及国家大事的改革要"于法有据"。国家大事的运行既要有合法性，又要有合理性。

《中华人民共和国宪法》（以下简称《宪法》）第九十条第二款规定，国务院"各部、各委员会根据法律和国务院的行政法规、决定、命令，在本部门的权限内，发布命令、指示和规章"。人社部的相关权限和职责是统筹建立覆盖城乡的社会保障体系，依法监督社保基金，参与制定全国社会保障基金投资政策。人社部和证监会都没有养老金入市和投资运营的权限和职责。

《社会保险法》规定了养老金入市的权限和职责。其中，第六十九条第一款规定："社会保险基金在保证安全的前提下，按照国务院规定投资运营实现保值增值。"第七十一条规定，全国社会保障基金由全国社会保障基金管理运营机构负责管理运营，在保证安全的前提下实现保值增值；国务院财政部门、社会保险行政部门、审计机关对全国社会保障基金的收支、管理和投资运营情况实施监督。第六条第三款规定："县级以上人民政府采取措施，鼓励和支持社会各方面参与社会保险基金的监督。"

按照《社会保险法》的规定，只有全国社会保障基金理事会有权管理运营养老金入市，财政部、人社部和审计署有监督养老金入市的义务，社会各界都有监督养老金入市的权利。

看来财政部、人社部、证监会和地方政府都没有管理运营养老金入市的权限。财政部、人社部、证监会和地方政府一旦具体介入养老金入市，就会产生与社保基金监督权的冲突，无异于裁判员亲自下场当运动员。广东省将1000亿元基本养老保险结存资金经国务院批准，委托全国社保基金理事会投资运营，正是依照《社会保险法》实施行政行为的表现。

2. 法律博弈解决平衡问题

只有全国社会保障基金理事会有权管理运营养老金入市，这就形成了养老金管理运营的垄断。垄断总归不如市场竞争更有效率，那么如何形成养老金管理运营的市场竞争？

盘点中国养老金的家底，有助于找到解决问题之道。2014年我国企业职工养老保险总收入2.33万亿元，总支出1.98万亿元，当期结余3458亿元，累计结余3.06万亿元。城乡居民养老保险总收入2315亿元，总支出1572亿元，当年结余743亿元，累计结余3843亿元。随着人口预期寿命增加，领取年限增长，生活水平提高，通货膨胀将长期存在，养老金支出必然呈刚性增长，养老金缺口不是一般的大，养老金收支平衡面临巨大的压力。

虽然财政部、人社部、证监会和地方政府目前具体参加养老金管理运营不合法，尽管保障养老金绝对安全是绝对做不到的，但将养老金的安全性放在第一位是可行的，多主体参加养老金管理运营的动机和出发点也是好的，全国人民和社会各界应该让庞大的养老金从银行里走出来，支持中国经济结构转型升级，改善中国的直接融资和间接融资比例，增大养老金基数，让养老金保值增值，减缓养老金收支平衡压力。

既然养老金是涉及全国人民民生的国家大事，就要通过全国人民代表大会或常委会的立法渠道进行法律博弈，一揽子解决养老金入市的合法性和合理性问题。修正《宪法》，修订《社会保险法》或对养老金管理运营进行专门立法，解决养老金入市的诸多平衡问题：

（1）鼓励养老金管理运营机构与全国社保基金理事会平等竞争，允许商业银行、保险公司、证券公司、信托公司等金融机构参加养老金管理运营，消除养老金管理运营垄断，达到养老金管理运营的市场化竞争平衡。

（2）将所有的非公共性、非公益性国有企业资产全部划入养老金，落实《宪法》规定的国有资产全民所有制，既彻底解决国有企业改革问题，又一次性解决养老金的缺口问题，既达到国民经济的自由竞争平衡，又实现养老金的收支平衡。

（3）政府部门无权直接管理运营养老金，但要对养老金管理运营进行监督，实现政府部门在养老金方面的权责平衡。

（4）对从事养老金管理运营的投资机构和行为要有中介机构、新闻媒体等立体的、多方位的社会外部监督，达到政府监管与社会监督的平衡。

（5）证监会着手解决资本市场圈钱市等制度性缺陷，将资本市场建设为兼具融资功能和投资功能的市场，实现养老金入市的安全保障与保值增值平衡。

（6）养老金的保值增值是目的，切忌把养老金作为"托市"工具，达到目的与工具的平衡。

（7）建立与温饱生活、小康生活和富裕生活相配套的多元化养老制度，壮大商业养老金，实现基本社保养老金与商业养老金的多元平衡。

（8）养老金投资与支取期限相匹配，实现养老金安全性、流动性和盈利性的平衡。

（9）填补城乡养老金待遇鸿沟，实现城乡养老公开、公正、公平的"三公"平衡。

（10）建立具有独立性的养老金体系，摆脱养老金对国家财政的依赖，实现养老金的自我平衡。

（11）达到经济高速增长时期与进入"新常态"后养老金管理运营的衔接平衡。

（12）将中国智慧与吸收国外先进经验结合起来，实现养老金管理运营方面中国国情与世界文明成果的平衡。

阿里巴巴入主天弘基金悬不悬

2013年10月9日，天弘基金的股东之一内蒙君正（601216）发布公告称，内蒙君正和天弘基金其他股东与阿里巴巴就天弘基金增资扩股和全面业务合作达成框架协议。协议约定，阿里巴巴将以11.8亿元出资持有增资后的天弘基金51%的股份，阿里巴巴入主后实行管理层持股11%，内蒙君正持股比例由此前的36%降至15.6%，天津信托则由48%降至16.8%，芜湖高新投资由16%降至5.6%。

并不是所有观点都看好阿里巴巴的这场收购，有观点认为此收购案的监管审批有点悬，还有专家担心收购后天弘基金的业务发展问题。

那么，阿里巴巴入主天弘基金究竟悬不悬？

1. 收购公募基金有钱就行

根据媒体披露，阿里巴巴入主天弘基金的具体内容是：阿里巴巴溢价3.5倍收购天弘基金，内蒙君正溢价3.5倍增资天弘基金。阿里巴巴将以每4.5元认购天弘基金1元注册资本的价格，购买天弘基金人民币26230万元的出资额。内蒙君正拟以每4.5元认购天弘基金1元注册资本的价格，购买天弘基金1542.9万元的出资额。天弘基金管理层拟购买天弘基金5657.1万元出资额，价格未定。

天弘基金增资扩股完成后，中国公募基金业将发生两个重大变化：一是天弘基金的主要股东由天津信托变更为阿里巴巴；二是天弘基金的注册资本将从18000万元增加至51430万元，超过行业老大华夏基金，成为目前注册资本最大的公募基金公司。

2013年10月11日，中国证监会新闻发言人表态，证监会支持符合条件的机构参与公募基金行业，促进公募向财富管理机构全面升级转型，鼓励业务创新和市场竞争，形成开放、包容、多元的资产管理体系。阿里巴巴需要符合基金法等规定的股东条件，并履行必要程序。对于天弘基金变更股东、注册资本的申请，证监会将在收到材料后依法审核并作出决定。

有专家据此在新闻媒体发表评论，根据《中华人民共和国证券投资基金法》（以下简称《证券投资基金法》）第十三条和《证券投资基金管理公司管理办法》的有关规定，天弘基金的主要股东必须是金融机构，而阿里巴巴不是金融机构，因此，证监会批准阿里巴巴入主天弘基金有点悬。

《证券投资基金法》第十三条规定了设立公募基金管理公司应当具备的条件。天弘基金公司设立于2004年11月8日，早就具备了公募基金公司的设立条件，具有公募基金管理公司牌照。

阿里巴巴入主天弘基金不存在证监会审批天弘基金公司是否设立的问题，而是股东变更和股权变更的问题，应当适用《证券投资基金法》第十四条第二款规定："基金管理公司变更持有百分之五以上股权的股东，变更公司的实际控制人，或者变更其他重大事项，应当报经国务院证券监督管理机构批准。国务院证券监督管理机构应当自受理申请之日起六十日内作出批准或者不予批准的决定，并通知申请人；不予批准的，应当说明理由。"

阿里巴巴入主天弘基金后，不是阿里巴巴经营天弘基金，而是天弘基金继续经营天弘基金。天弘基金已经具备经营公募基金的资质，不因阿里巴巴是否成为天弘基金主要股东而发生任何改变。

新修订的《证券投资基金管理公司管理办法》自2012年11月1日起施行，而新修订的《证券投资基金法》自2013年6月1日起施行。《证券投资基金管理公司管理办法》是部门规章，而《证券投资基金法》是全国人大常委会通过的法律，按照下位法不得违反上位法的宪政规则，2013年6月1日后《证券投资基金管理公司管理办法》中与《证券投资基金法》冲突的条款自动失效。

可见，得出证监会难以批准阿里巴巴入主天弘基金的专家适用法律错误，且引用的《证券投资基金管理公司管理办法》有关规定已经成为老黄历。

阿里巴巴入主天弘基金有点悬是杞人忧天，收购公募基金有钱就行。正如当年李书福要办汽车公司，自己申请设立得不到批准，通过收购已有汽车牌照的公司，诞生了吉利汽车。比亚迪（002594）汽车也是这样诞生的。

2. 基金业需创新不需特权

证监会审批阿里巴巴是否入主天弘基金，需要考量的不应是设立条件和牌照问题，这些问题在天弘基金成立的时候已经解决。证监会需要把关的，应当是阿里巴巴收购天弘基金是否违反《证券投资基金法》《中华人民共和国公司法》《中华人民共和国反垄断法》《中华人民共和国反不正当竞争法》等法律的强制性规定，是否有利于基金业的业务创新和市场竞争。

由于与阿里巴巴支付宝的合作，天弘基金改变了2010年至2012年连续3年亏损累累的边缘基金公司现状，2013年上半年实现扭亏为盈，营业收入6189.99万元，净利润达到852.52万元，2013年9月管理规模已达500亿元，跃升为主流公募基金公司：既是用户数最大的公募基金，也是中国最大的货币基金。这保障了天弘基金的规模和稳健运营，但货币基金的利润率较低，不能给予客户、员工和股东满意的回报。

不管是公募基金，还是私募基金，基金公司的成功之道在于投资管理能力和销售管理能力。天弘基金的盈利能力，取决于货币基金之外的投资管理能力和销售管理能力，取决于天弘基金的管理创新和业务创新。

如果天弘基金能够吸引投资高手加盟，开发出高收益产品，控制投资风险，就能成为规模大而又利润高的基金公司，弥补货币基金收益低的不足。

公募基金的管理机制一直是个问题，导致公募基金长期以来赚少亏多。缺乏激励机制，导致公募基金人才流失严重，王亚伟出走华夏基金就是典型的例子。阿里巴巴入主后实行管理层持股，适用了《证券投资基金法》第二十二条第二款的规定：公募基金可以实行专业人士持股计划，建立长效激励约束机制。管理层持股，将会降低天弘基金的运作成本，增加天弘基金的盈利能力，提升天弘基金的竞争力。

管理层持股提升竞争力的办法，天弘基金可以用，其他基金公司也可以用，算不上独门绝技。被收购后带有阿里巴巴基因的天弘基金，应该会用业务不断创新的方式成为行业翘楚。但业务创新往往超前一步是先烈，超前半步才是先驱。创新过度，就会成为一种特权，受到法律法规的规范和监管的制约。

天弘基金业务创新与特权的关系，就像阿里巴巴以"合伙人制度"要在香港上市一样。以"合伙人制度"在香港上市，对阿里巴巴来说是创新，对纳斯达克证券交易所来说是合规，但对香港证券市场来说，是违反同股同权法治原则的特权。香港作为法治独立、高度自治的国际大都市，不会为阿里巴巴一家公司修改法律，因此，阿里巴巴以"合伙人制度"上市被香港监管层否决。如果有多家公司申请以"合伙人制度"在香港上市，香港也许会认为这是市场需求，会顺应大势所趋，修改法律让这些公司以"合伙人制度"上市。

在业务创新上，天弘基金已在互联网金融方面尝到甜头，同业竞争会迫使天弘基金不断创新。

2013年10月21日，百度公司宣布其互联网金融业务"百度金融中心—理财"平台将于2013年10月28日正式上线，联手华夏基金推出年化收益率8%的理财计划"百发"，矛头直指市场火热、由天弘基金推出的年化收益率4.8%的余额宝。腾讯财付通与华夏、易方达、广发、汇添富四家基金公司合作的类似理财产品也计划在2013年年底上线。除BAT外，苏宁云商（002024）、京东商城也在布局互联网金融。

套用马云的一句话用在基金行业，就是：基金不改变，我们就改变基金。基金业与互联网相结合，掀起了互联网金融业务的"战国时代"。互联网金融对过去一潭死水的公募基金和国有垄断的金融业，可能形成巨大甚至颠覆性的冲击。

阿里巴巴入主天弘基金其实一点都不悬，倒是对中国基金业和金融业的改革开放产生令人期待的新悬念。

天价罚单彰显资本市场法治

2017年2月24日，中国证监会宣布，拟对鲜言涉嫌信息披露违法违规及操纵股价案件处以总金额34.8亿元行政处罚，拟对鲜言等11名当事人采取终身证券市场禁入措施。而于2017年1月23日一审宣判的徐翔操纵证券市场罪案，除了有期徒刑外，被告徐翔被判处110亿元罚金，王巍被判10亿元罚金，竺勇被判5000万元罚金，加上违法所得93亿元，徐翔案需要缴纳213.5亿元。行政处罚和刑事处罚创纪录的天价罚单，对中国资本市场意味着什么？

1. 罚单彰显法治效应

如果鲜言不服行政处罚，鲜言行政处罚案还有程序要走，目前不一定是最终结论，但徐翔操纵证券市场罪案判决已经生效。

2009年12月7日，徐翔实际控制的上海泽熙投资管理有限公司成立，初始资金3000万元人民币。公司名称来源于徐翔最钦佩的两个人："泽"来源于毛泽东，"熙"来自康熙皇帝。泽熙公司的成绩单令人目眩，从2010年3月到2015年10月，泽熙1号基金产生了3270%的回报，泽熙3期收益在短短五年时间内，增长率达到3944.93%，而同期上证指数只增长了11.6%。

2015年11月1日，公安部发布消息，泽熙公司法定代表人、总经理徐翔等人通过非法手段获取股市内幕消息，从事内幕交易、操纵股票交易价格，其行为涉嫌违法犯罪，当日被公安机关依法采取刑事强制措施。

2016年12月6日，青岛市中级法院公告：2009年至2015年，被告人徐翔成立泽熙公司等多家有限责任公司及合伙企业，由徐翔实际控制，发行"泽熙1期"至"泽熙12期""泽煦"、"泽熙增煦""瑞金1号"等信托产品进行证券投资。徐翔在妻子应某配合下，以亲友、泽熙公司员工等人名义开设大量证券账户并控制、使用。徐翔以自有资金注入上述账户，指令应某等人具体操作；徐翔还与被告人竺勇等人约定，由上述人员自筹资金，以本人及其亲友名义开设证券账户，根据徐翔指令买卖股票，获利与徐翔按比例分成。通过上述方式，徐翔实际控制近百人的证券账户。

2010年至2015年，徐翔单独或与王巍、竺勇共同和十三家上市公司董事长、实际控制人合谋后，按照徐翔等人要求，由上市公司董事长或实际控制人，控制上市公司发布"高送转"方案、释放公司业绩、引入热点题材等利好信息的披露时机和内容，由徐翔、王巍、竺勇利用合谋形成的信息优势，通过实际控制的泽熙产品证券账户、个人证券账户择机进行相关股票的连续买卖，双方共同操纵上市公司股票交易价格和交易量，在股价高位时，徐翔等人将通过大宗交易接盘的公司高管减持的股票、提前建仓的股票或定向增发解禁股票抛售，从中获利。

法院审理认为，徐翔、王巍、竺勇为谋取非法利益，与他人合谋，利用信息优势连续买卖，操纵证券交易价格和交易量，犯罪数额及违法所得数额特别巨大，情节特别严重，严重破坏了国家对证券交易的管理制度和正常的证券交易秩序，其行为均构成操纵证券市场罪。青岛市中级法院一审判决徐翔、王巍、竺勇犯操纵证券市场罪，分别被判处有期徒刑五年六个月、有期徒刑三年、有期徒刑二年缓刑三年，同时并处罚金。

鲜言案和徐翔案极大增加了资本市场违法行为的成本和风险，对违反《证券法》和《刑法》的行为产生巨大震慑，促使资产管理行业规范化，投资者受到了风险警示和法律教育，触动基金投资者反思如何选择管理人。

2. 资本市场回归本位

徐翔案中徐翔等人无疑有内幕交易行为，法院为什么没有判决内幕交易罪成立，而只判决了操纵证券市场罪？由于内幕交易行为是操纵证券市场罪的手段，该案内幕交易的目的是操纵市场。

内幕交易是指内幕人员和以不正当手段获取内幕信息的其他人员违反法律、法规，泄露内幕信息，根据内幕信息买卖证券或者向他人提出买卖证券建议的行为。

《刑法》第一百八十条规定，证券交易内幕信息的知情人员或者非法获取证券交易内幕信息的人员，在涉及证券的发行、交易或者其他对证券的价格有重大影响的信息尚未公开前，买入或者卖出该证券，或者泄露该信息，情节严重的，处五年以下有期徒刑或者拘役，并处或者单处违法所得一倍以上五倍以下罚金；情节特别严重的，处五年以上十年以下有期徒刑，并处违法所得一倍以上五倍以下罚金。内幕交易罪是单位犯罪。

操纵市场是指以获取利益或减少损失为目的，利用资金、信息等优势或滥用职权，影响证券市场价格，制造证券市场假象，诱导投资者在不了解事实真相的情况下作出证券投资决定，扰乱证券市场秩序的行为。操纵市场是资本市场中竞争机制的天敌。

《证券法》第七十七条明确禁止以下操纵证券市场行为：①单独或者通过合谋，集中资金优势、持股优势或者利用信息优势联合或者连续买卖，操纵证券交易价格或者证券交易量；②与他人串通，以事先约定的时间、价格和方式相互进行证券交易，影响证券交易价格或者证券交易量；③在自己实际控制的账户之间进行证券交易，影响证券交易价格或者证券交易量。

《刑法》第一百八十二条规定了"操纵证券、期货市场罪"。操纵证券、期货市场罪是单位犯罪。

内幕交易和操纵市场的社会危害之处，是对整个资本市场的规则破坏，与法治要求的资本市场秩序背道而驰。资本市场只有铲除内幕交易和操纵市场，才能回归公开、公平和公正的自由竞争市场本位。投资者应把风险控制放在首位，坚持稳健持久的价值投资理念，才能立于不败之地。

证监会的数据显示，2016年证监会行政处罚数量、罚没款金额、市场禁入人数均创历史新高，2016年共对183起案件作出处罚，作出行政处罚决定书218份，较2015年增长21%，罚没款共计42.83亿元，较2015年增长288%，对38人实施市场禁入，较去年增长81%。

证监会的数据表明，鲜言案和徐翔案不仅是个案，而且代表了中国资本市场监管的趋势。在中国资本市场上，不择手段闷声发大财已经过时，市场参与者不能只看收益不看风险，只问结果不管过程。

资本市场参与者应当坚守法律底线，任何人不能凌驾于法治之上，谁触碰了法律红线，就要付出沉重的代价。

用证券法做大国民财富蛋糕

自2015年4月21日起，《中华人民共和国证券法》修订进入十二届全国人大常委会的议事日程。根据人大的立法计划，经过三审之后，2015年内要完成《证券法》修订。在证券市场重点关注股票发行注册制改革将被《证券法》确认之际，如果运用《证券法》做大国民财富蛋糕，这次修订《证券法》的成就更大，《证券法》将会载入中国的民富国强史。

1. 财尽其流增加国民财富

财富中"财"指"储备金""金融积蓄""银行存款"；"富"指"家屋充实"。财富指对人有价值的东西，能满足人们各种生产、生活需要的是物质财富，能让人们愉悦舒畅的是精神财富，认识客观世界的成果就是知识财富。知识财富能够创造物质财富和精神财富。世界首富比尔·盖茨有自己心中的财富概念，认为真正的财富=观念+时间。

2010年中国国内生产总值（GDP）为5.88万亿美元，超过日本的5.47万亿美元，仅次于美国，居世界第二。但GDP只是一个国家当年的最终产出规模，与该国国民拥有的财富不是一回事。2013年10月，德国保险公司安联集团发布的第四版《全球财富报告》显示，中国国民总财富净资产达到6.5万亿欧元左右，在亚洲排名第二，仅次于日本，但人均财富全球排名仅居38位。

亚当·斯密在《国富论》中主张，一个国家的富裕程度是按人均财富度量的，不以财富总量衡量。那么，国民财富的来源与基础究竟是什么？亚当·斯密认为国民财富的来源与基础在于市场基础上的自由竞争和分工体系的不断扩大，这是国民财富的市场中心学说。社会学家和经济学家马克斯·韦伯、熊·彼特等认为，国民财富的来源与基础在于企业家与企业，他们是市场的主角，是现代国家财富创造的组织者，这是国民财富的企业中心论。按照这两种理论，让企业在自由竞争的市场中充分发展，就能增加国民财富。

在国家财富既定的前提下，政府的财富多了，国民的财富就少了。中国改革开放以前，政府几乎垄断了所有的国民财富，国民的温饱问题都难以解决。改革开放以来，财富开始流向国民，大多数国民过上了小康生活，但仍然是政府拥有财富偏多、国民财富偏少。

在国民之间，财富的贫富两极分化越来越严重。北京大学中国社会科学调查中心发布的《中国民生发展报告2014》显示，1995年我国财产的基尼系数为0.45，2002年为0.55，2012年我国家庭净财产的基尼系数达到0.73，顶端1%的家庭占有全国1/3以上的财产，底端25%的家庭拥有的财产总量仅在1%左右。

第二次世界大战之后，日本为了根治战争创伤、重振日本经济，大幅度提高国民在国家财富分配中的份额，并通过二次分配，缩小贫富差距。日本的民富战略获得了成功，因此成为亚洲国民总财富第一的国家，缩小贫富差距减少了社会矛盾，启动了居民消费，由此支撑了日本长时间的经济繁荣和国民生活富裕。

秘鲁经济学家赫尔南多·索托所著的《资本的秘密》得出一个重要结论：穷人不是没有财富，而是没有资本，第三世界穷人的棚户区和各种违章建筑有着极高的潜在价值，这些房地产的价值高达9.3万亿元，却由于不能够合法地流动和交易，不能创造出新的价值。富裕的国家之所以富有，是由于有了完善的产权制度，不流动的资产能够流动起来，在交易中释放出潜在的价值。这与中国民间"财富在世上流动"的说法，有异曲同工之妙。

财尽其流能够增加国民财富。中国发展市场经济，做到"人尽其才，物尽其用，财尽其流"，就能创造出更多的国民财富。

2. 将《股票法》还原成《证券法》

这次《证券法》修订的内容主要有5个方面：实行股票发行注册制、建立健全多层次资本市场体系、加强投资者保护、推动证券行业创新发展、加强事中事后监管。其中实行股票发行注册制和建立健全多层次资本市场体系，有助于实现财尽其流。

用股票发行注册制代替审核制，通过降低行政成本的方式，提高股票上市流动的效率，增加中国的国民财富。

在建立健全多层次资本市场体系方面，《证券法》修订草案在证券交易所之外新增了3种交易场所：国务院批准的其他交易场所、证券监管机构批准的交易场所和财产权益交易场所。新增交易场所，加剧了交易场所之间的竞争，为证券交易带来了更多的机会，无疑有助于增加国民财富。

从增加国民财富的角度，《证券法》修订最重要的不是草案中5个方面的内容，而是还原《证券法》的本来面目，对证券作出明确的定义，让证券成为国民财富的化身。

尽管1998年12月29日颁布的《证券法》，历经2004年8月28日、2005年10月27日、2013年6月29日和2014年8月31日4次修订，仍然没有证券的概念和范围，实质上是为国务院证券监督管理机构量身定做的《股票债券监管法》，主要规范了股票监管，可以说名为《证券法》，实为《股票法》。

证券是各种经济权益凭证的统称，是用来证明券票持有人享有的某种特定权益的法律凭证。证券既是财产性权利凭证，也是流通性权利凭证，还是收益性权利凭证。修订《证券法》，应当正本清源，给证券作出明确的法律定义，让证券代表的权利流通起来，用新的《证券法》做大国民财富蛋糕。

根据自2015年3月1日起施行的《不动产登记暂行条例》，土地承包经营权和宅基地使用权作为不动产权利进行登记。土地承包经营权和宅基地使用权的权属证书就是证券，交易土地承包经营权和宅基地使用权的占有、使用、收益和处分的权利，农民拥有的财富便会大幅增值，大部分农民就会变成中产阶级，中国的国民财富就会迅速膨胀。

产权制度的意义不在于保护所有权，而在于保护所有权的交易。反过来说，现代产权制度保护所有权的交易，而不是财富本身。在《证券法》中还原证券的定义，能够丰富和完善中国的产权制度。

财富不流动、不可交易，财富就是不值钱的一潭死水。财富流动起来、能够交易，原有的财富就会成为新财富的源泉。拥有流动、可交易财富的，是富人和富裕国家，而拥有不流动、不可交易财富的是穷人和贫穷国家。没有流动性的财富等于贫穷，只有流动性的财富才是富有，国民财富的性质由于流动和交易而发生价值变化。

只要在《证券法》修订中增添第6项内容，还原证券的定义，就可以实现财尽其流，做大中国的国民财富蛋糕，何乐而不为呢？

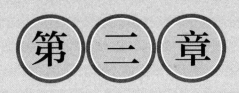

商业银行面临法治改革

把银行理财关进法律的笼子

2014年7月10日，中国银监会发布《关于完善商业银行理财组织管理体系有关事项的通知》，要求商业银行按照单独核算、风险隔离、行为规范、归口管理等要求开展理财业务事业部制改革，设立专门的理财业务经营部门，负责集中统一经营管理其理财业务。银监会给出的时间表是，各银行于2014年7月底前向银监会报告理财业务情况和改革规划，于2014年9月底前完成理财业务事业部制改革。违反该规定开展理财业务的银行，银监会将按照违反审慎经营规则进行查处。

银行理财业务从作为银行业务创新的"香饽饽"，到被业内人士警示为"庞氏骗局"，再到"回归资产管理业务的本质"，怎样才能把银行理财关进法律的笼子里？

1. 是投资还是借贷

银行理财业务自2005年开办以来，发展速度一日千里。2005年银行理财业务开办前各项数据还是零，到2011年银行共发行8.91万款理财产品，2011年12月底银行理财产品余额为4.59万亿元。截至2014年5月底，中国400多家银行业金融机构共存在理财产品50918款，理财资金账面余额13.97万亿元。到2014年7月，仅招商银行（600036，股吧）的理财产品余额就突破1万亿元，成为首家理财产品余额过万亿元的股份制银行。

什么是银行理财业务？《商业银行个人理财业务管理暂行办法》第二条规定："本办法所称个人理财业务，是指商业银行为个人客户提供的财务分析、财务规划、投资顾问、资产管理等专业化服务活动。"在具体运行过程中，金融市场上只见出售银行理财产品，少见财务分析、财务规划、投资顾问、资产管理等银行理财业务。

现实中，根据银行客户获取收益方式的不同，银行理财产品分为保证收益理财产品和非保证收益理财产品。

保证收益理财产品是指银行按照约定条件向客户承诺支付固定收益，银行承担由此产生的投资风险或者银行按照约定条件向客户承诺支付最低收益并承担相关风险，其他投资收益由银行和客户按照合同约定分配，并共同承担相关投资风险的理财产品。保证收益的理财产品包括固定收益理财产品和有最低收益的浮动收益理财产品。

非保证收益理财分为保本浮动收益理财产品和非保本浮动收益理财产品。保本浮动收益理财产品是指商业银行按照约定条件向客户保证本金支付，本金以外的投资风险由客户承担，并依据实际投资收益情况确定客户实际收益的理财产品。非保本浮动收益理财产品是指商业银行根据约定条件和实际投资收益情况向客户支付收益，并不保证客户本金安全的理财产品。发行非保证收益的理财产品的银行不承诺理财产品一定会取得正收益，有可能收益为零，不保本的产品甚至有可能收益为负。

在银行推出的每一款不同的理财产品中，都会对自己产品的特性给予介绍，各家银行的理财产品大多是对本金给予保证的。

《商业银行个人理财业务风险管理指引》第八条规定，商业银行接受客户委托进行投资操作和资产管理等业务活动；第二十二条规定，商业银行向客户提供财务规划、投资顾问、推介投资产品服务，应首先调查了解客户的财务状况、投资经验、投资目的。

按照银行理财业务的明规则，银行理财业务是投资业务。但银行理财业务实际按照潜规则运行，银行理财业务大多做成了借贷业务，恰恰违反了《商业银行个人理财业务管理暂行办法》第三条第二款规定："商业银行不得利用个人理财业务，违反国家利率管理政策进行变相高息揽储。"

2. 避免银行理财成庞氏骗局

中国银行业协会与普华永道曾经联合发布《中国银行家调查报告（2012）》，50.9%的银行家认为理财产品形成的大量表外资产，可能会对银行的资产质量和经营稳定性带来影响。

时任中国银行董事长的肖钢，更加明确地提示了银行理财业务的风险。

肖钢于2012年10月在《中国日报》发表英文署名文章，呼吁警惕银行理财产品击鼓传花的风险。肖钢主张，从某种程度上说，银行理财产品根本就是一个庞氏骗局；在一定的条件下，投资者一旦失去信心并减少他们的购买或退出理财产品，这样的击鼓传花便会停止。肖钢预测，中国的影子银行部门已经成为未来几年系统性金融风险的潜在来源。

为什么银行理财业务有可能演变为庞氏骗局？一是因为银行将7天至一年短期限的客户银行理财资金，投资到更加长期的经营活动中，以期获得更高的收益，资金期限错配势必造成银行借新还旧或拆东墙、补西墙；二是因为银行对外投资所需承担的投资风险与向客户支付固定回报不匹配，是投资与借贷的错位或错配；三是因为销售理财产品的所得资金，被银行放在一个资金池里，再通过发新偿旧的操作手法偿还到期理财产品的收益，掩盖了理财产品的风险。一旦客户购买银行理财产品的资金跟不上支付的需求，或银行的投资收回慢于客户的支付需求，导致银行理财业务的资金链断裂，银行就会发生兑付风险。

2013年3月25日，中国银监会发出《关于规范商业银行理财业务投资运作有关问题的通知》，第一次要求商业银行对每个理财产品单独管理、建账和核算，实现每个理财产品与所投资资产（标的物）相对应。

2014年7月10日，中国银监会发布《关于完善商业银行理财组织管理体系有关事项的通知》，第二次明令要求商业银行建立理财业务与其他业务之间的防火墙。

为了防止银行理财业务成为庞氏骗局，按照《商业银行个人理财业务管理暂行办法》第四十六条规定，商业银行开展保证收益理财计划或经营具有保证收益性质的理财产品，应向中国银监会申请批准。

3. 如何关进法律的笼子

《商业银行个人理财业务管理暂行办法》第四十八条，为防止银行理财业务成为庞氏骗局设计了双保险，规定商业银行开展需要批准的理财业务时还应具备以下条件：①具有相应的风险管理体系和内部控制制度；②有具备开展相关业务工作经验和知识的高级管理人员、从业人员；③具备有效的市场风险识别、计量、监测和控制体系；④信誉良好，近两年内未发生损害客户利益的重大事件；⑤中国银监会规定的其他审慎性条件。

遗憾的是，防止银行理财业务成为庞氏骗局的双保险设计，被《中国银监会办公厅关于调整商业银行个人理财业务管理有关规定的通知》修改，将《商业银行个人理财业务管理暂行办法》中对商业银行发行保证收益性质的理财产品需要向中国银监会申请批准的相关规定，改为实行报告制。现在到了废除《中国银监会办公厅关于调整商业银行个人理财业务管理有关规定的通知》，恢复《商业银行个人理财业务管理暂行办法》权威的时候。

要把银行理财关进法律的笼子里，为银行理财找到法治出路，除了用防火墙隔离银行理财业务与银行其他业务外，需要商业银行切实做到对广大客户投资银行理财负责。

首先，严格执行《商业银行个人理财业务风险管理指引》第二十五条规定：商业银行在向客户说明有关投资风险时，应使用通俗易懂的语言，配以必要的示例，说明最不利的投资情形和投资结果。

其次，把过去的收益说成预期收益属于金融欺诈，应当禁止商业银行从业人员向客户说出预期收益率。

最后，严格遵守《商业银行理财产品销售管理办法》第九条规定：商业银行销售理财产品，应当遵循风险匹配原则，禁止误导客户购买与其风险承受能力不相符合的理财产品。风险匹配原则是指商业银行只能向客户销售风险评级等于或低于其风险承受能力评级的理财产品。

金融法治难忍潜规则

2014年9月中旬有媒体报道称，位列恒丰银行前十大股东的成都门里投资有限公司和北京中伍恒利投资发展有限公司，因无法偿还2013年向天津银行济南分行、天津滨海农商行融资的3笔表外业务，本息合计40亿元，最终由恒丰银行代偿上述融资。

三笔非正常审批的表外融资，将恒丰银行推向"40亿刚兑罗生门"。

党的十八届三中全会以来，全面深化金融改革被提上重要的议事日程。金融改革要依法进行，法治成为金融改革的重要目标。

如果将金融规则束之高阁而另搞一套，就背离了公平、正义原则，违反了法律法规的规定，扰乱了金融秩序，侵犯了国家的整体利益和长远利益，形成了自己的特权，因此，潜规则只得偷偷摸摸地以隐蔽的形式存在。

然而，针对金融潜规则流行的现实，金融法治应当进入与潜规则格格不入的"新常态"。

1. 金融规则宜在阳光下刚性遵守

《潜规则：中国历史中的真实游戏》的作者吴思先生，是发现和系统研究中国历史"潜规则"的第一人。吴思认为，"潜规则"就是隐藏在正式规则之下，实际上支配着社会运行的不成文的规矩，且潜规则产生于现实的利害计算与趋利避害。

法治的基本含义有两个：一是制定良好的法律，二是良法得到普遍的执行。法律的生命在于实施，法律得到实施才能有权威。简单地说，法治就是合理的规则，公平地执行。可以说，法治就是明规则，潜规则否定明规则，法治与潜规则格格不入。

金融是资金在时间和空间上的融通，资金融通以信用和契约为保障。因此，金融的规则是信用和契约，就是金融法治。金融的潜规则，就是不遵守金融规则或改变金融规则，不讲信用和背弃契约精神，就是金融人治。

恒丰银行通过3笔表外业务将本息40亿元贷款给自己的股东，就是实行金融潜规则的最新例证。《商业银行法》第四十条第一款规定："商业银行不得向关系人发放信用贷款；向关系人发放担保贷款的条件不得优于其他借款人同类贷款的条件。"

这是商业银行向关系人发放贷款的规则，违反了该规则的，根据《商业银行法》第七十四条规定，银监会有权责令该商业银行改正，有违法所得的，没收违法所得，违法所得五十万元以上的，并处违法所得一倍以上五倍以下罚款；情节特别严重或者逾期不改正的，可以责令停业整顿或者吊销其经营许可证。

通过信托公司、证券公司设立信托计划、资管计划，再借道天津滨海农商行和天津银行济南分行，恒丰银行把巨额资金出借给自己的股东使用，表面上不是向关系人直接发放贷款，实际上恒丰银行与第三人和其用资股东签订了一系列以合法形式掩盖向关系人发放贷款的非法目的无效合同。

由此可见，只有金融规则在阳光下得到公正的、不折不扣的刚性执行，潜规则行为受到相应的惩罚，注重信用和契约能够得到激励，金融市场主体才能遵守金融规则，消除潜规则，金融法治方能实现。

2. 民营金融不能永远处于试点中

根据《商业银行法》第十一条至第十六条规定，设立商业银行的实质条件是经银监会审批和具有规定的注册资本，这是开办银行的规则。规则中并没有规定民营资本与国有资本、外国资本有什么不同，不同资本家手中的人民币也不会有什么不同，但形成了一个开办银行的潜规则：中国的商业银行被国有银行和外资银行垄断，只有像民生银行这样的少数试点民营银行存在。

2014年7月25日，银监会宣布正式批准设立三家民营银行：深圳前海微众银行、温州民商银行和天津金城银行。这是自民生银行1996年1月成立以来，近20年后批准的第二批民营银行，给珠三角、长三角和环渤海湾各一个民营银行名额，民营银行仍然处于试点之中。

根据《证券法》第一百二十二条至第一百二十八条规定，设立证券公司的实质条件是经证监会审批和具有规定的注册资本，这是开办证券公司的规则。与开办银行类似，开办证券公司的潜规则是，证券公司被国有证券公司和合资证券公司垄断，民营证券公司也在试点。

根据《保险法》第六十七条至第七十一条，设立保险公司的实质条件是经保监会审批、股东资信好和具有规定的注册资本，这是开办保险公司的规则。开办保险公司的潜规则是，保险公司被国有保险公司和合资保险公司垄断，民营保险公司凤毛麟角。

《信托法》对设立信托公司没有做出规定。《信托投资公司管理办法》第十二条至第十四条规定，设立信托公司的实质条件是经中央银行审批、股东有资格和具有规定的注册资本，这是开办信托公司的规则。《信托投资公司管理办法》于2007年3月1日失效，意味着不再有新的信托公司设立。现有信托公司的情况是，中国有68家信托公司，只有4家拥有民资背景，其余都具有相应的央企和省级国企背景。

《证券投资基金法》第十三条和第十四条对设立公募基金公司做出规定，设立公募基金公司的实质条件是经证监会审批、股东必须是金融机构或金融管理机构和具有规定的注册资本，这是公募基金公司的规则。由于金融机构或金融管理机构鲜有民营资本做股东，导致国有公募基金公司一统天下，民营企业很难具备设立公募基金公司的条件，更难以被批准设立。

综上所述，金融机构中无论是商业银行，还是证券公司、保险公司、信托公司和公募基金公司，金融法治允许民营金融机构存在和发展，金融潜规则却导致民营金融机构只是点缀和试点。

要进行全面和深化的金融改革，必须废除设立金融机构的潜规则，让金融法治大行其道，依法给予民营金融机构与国有金融机构、外资金融机构平等竞争的机会，中国金融才能做到"钱尽其用"，提高金融效率，更好地为实体经济服务，提升其在国际金融市场上的竞争力。

3. 金融法治要以金融民主为保障

民营资本一味请求监管部门对设立金融机构开恩，最多对不公正发几句牢骚，担心提起行政诉讼会得罪监管部门导致金融机构设立申请更难以得到批准，放弃行使法律赋予的正当权利，导致金融潜规则大行其道，金融法治时常退居幕后。

如果民营资本对设立金融机构的潜规则坚决说不，在申请设立金融机构遭到拒绝或不予答复时能起诉监管部门，司法机关根据法律规定，应当裁判支持民营资本设立金融机构的请求，金融潜规则毕竟上不得台面，金融法治就会有模有样，民营金融机构数量应该比现在要多。可以说，有什么样的国民，就有什么样的政府。有什么样的金融民主，就有什么样的金融法治，金融法治要以金融民主为保障。

按照商业银行理财业务的规则，银行理财业务是投资业务。但银行理财业务实际按照潜规则运行，银行理财业务大多做成了借贷业务，恰恰违反了《商业银行个人理财业务管理暂行办法》第三条第二款规定："商业银行不得利用个人理财业务，违反国家利率管理政策进行变相高息揽储。"商业银行的客户有权根据规定对银行的违规行为进行监督，让商业银行在金融法治的轨道上运行。

根据《证券法》的规定，投资者有权对上市公司、证券公司和监管人员的欺诈、内幕交易、操纵证券市场和编造传播虚假信息行为进行监督和要求索赔。

根据《信托法》《信托投资公司管理办法》《信托公司集合资金信托计划管理办法》和《信托公司治理指引》的规定，投资者有行使事后监督权的权利，投资者有权督促参与信托计划的金融机构诚实信用。

投资者有权了解其信托财产的管理运用、处分及收支情况，并有权要求金融机构做出披露。如果金融机构违背信托责任，投资者可以请求司法机关强制金融机构赔偿损失。只有金融机构为违法违约行为付出代价，金融机构才有动力在今后少犯错误甚至不犯错误。

存款保险能否杜绝存款失踪

从1993年颁布《国务院关于金融体制改革的决定》——首次提出建立存款保险制度，到2015年5月1日正式施行《存款保险条例》，整整历经22年。中国也由此加入了世界上建立了存款保险制度的110多个国家和地区的俱乐部。那么，存款保险制度对中国的金融改革意味着什么？这一制度除了维护存款人的利益，还能否解决存款失踪问题？这无疑需要中国金融市场用实践做出回答。

1. 存款保险是金改突破口

《存款保险条例》建立的存款保险制度的主要内容有：

第一，境内吸收存款的银行类金融机构强制投保，全面覆盖人民币存款和外币存款，但不包括金融机构同业存款、投保机构的高级管理人员在本投保机构的存款以及存款保险基金管理机构规定不予保险的其他存款。

第二，存款保险实行限额偿付，最高偿付限额为人民币50万元，超出最高偿付限额的部分从投保机构清算财产中受偿。最高偿付限额可根据经济发展、存款结构变化、金融风险状况等因素进行调整。中央银行测算，50万元最高偿付限额目前可以覆盖99.63%的存款人的全部存款。

第三，存款保险费率由基准费率和风险差别费率构成，各投保机构的适用费率，由存款保险基金管理机构根据投保机构的经营管理状况和风险状况等因素确定，投保机构每六个月交纳一次保费。

第四，主要由保费和在投保机构清算中分配的财产形成存款保险基金，由国务院决定的存款保险基金管理机构管理。

第五，存款保险基金遵循安全、流动、保值增值的原则，运用限于存放中国人民银行，投资政府债券、中央银行票据、信用等级较高的金融债券或高等级债券。

第六，投保机构被接管、被撤销、申请破产时，存款保险基金管理机构使用存款保险基金，保护存款人利益。

存款保险制度是保护存款人利益、稳定银行体系、维护融资机制的事后补救措施。美国首创存款保险制度，目的是应对银行倒闭和金融恐慌。而在中国，存款保险制度还有推动金融改革和防范金融风险的作用。

存款保险制度将会成为中国金融改革史上的里程碑，因为存款保险制度作为一项金融改革成果，能够引发一系列其他金融改革，从而成为金融改革的突破口。

（1）存款保险制度以市场化的兜底机制，替代政府的隐性担保，是全面深化金融改革和破除国有垄断金融市场的制度保障。

（2）金融市场化、民营化不会影响储户资金的安全。设立存款保险的事实证明，政府认为现有的国有银行有风险。存款保险制度给储户传达的信号，就是银行有可能破产、倒闭，国有银行是不倒翁的神话和银行大而不倒的神话就此破灭。国有银行失去了政府的隐性担保后，民营银行的风险不会比国有银行更大。既然国有银行有风险，就应当开放民营银行，让更多的民营银行承担、分散国有银行的金融风险。由于建立了存款保险制度，民营银行不会影响储户资金的安全。

（3）使不同所有制银行和大小规模银行进行公平竞争。既然每家银行最高偿付限额都是50万元，国有银行失去了过往的优势，储户不管在规模多大的银行存款，存款额都不想超过50万元。那些服务更好、利息更高的银行，吸收存款的竞争力更强，由此带来的资金重新分配，给中国银行业带来巨大的利益调整。

2. 存款保险制约存款失踪

尽管存款保险制度是金融改革的突破口，但管理层建立存款保险制度的动机，首先是要守住不发生系统性和区域性金融危机的底线，防范银行挤兑风险。

因此，当银行发生信用危机、违法经营、经营管理不善，严重影响存款人合法权益，严重危害金融秩序，损害公众利益时，存款保险基金管理机构有权建议银行业监管机构接管、重组、撤销发生危机的银行。

存款保险制度规定，只有银行发生被接管、清算、进入破产程序这三种情况之一时，存款人才有权要求存款保险基金管理机构使用存款保险基金，在50万元限额内，偿付存款人的被保险存款。

建立存款保险制度之后，在银行购买的理财产品亏损，银行客户能否得到存款保险的赔偿？建立存款保险制度的目的，是依法保护存款人的合法权益，及时防范和化解金融风险，维护金融稳定。银行理财产品虽然是银行发行的，资金也由银行收取，但购买理财产品是投资行为，不是存款行为。任何保险都无法为投资提供保障，存款保险也不例外。购买银行理财产品，不属于存款保险制度的保障范围，其损失不能得到存款保险的赔偿。客户要为自己购买理财产品的投资行为负责。

近年来，全国多地发生储户存款"失踪"或"丢失"事件。浙江杭州42位银行储户放在银行的数千万元存款仅剩少许甚至被清零。泸州老窖等知名企业存款出现异常，存在银行的5亿元竟然不知去向。浙江义乌、湖北武汉等地都出现了储户存款失踪事件。储户存款在银行失踪，存款人是否有权要求由存款保险支付存款损失？

追查存款失踪的原因，不是被诈骗，就是银行的个别违规经营行为，要么就是外部人员与银行"内鬼"串通起来侵吞存款。虽然存款失踪是银行内部的信息系统、管理和监管方面出现的问题，但只是银行的个别现象，并不足以导致银行的经营状况出现系统危机，只要没有发生银行被接管、清算、进入破产程序这三种情况之一，尽管储户的钱在银行丢失了，但由于不符合存款保险制度的规定，无法获得存款保险的赔偿。

从个案上来说，存款保险对存款失踪于事无补。银行存款失踪后，储户只能根据事实和法律，与银行进行利益博弈，利用银行监管渠道，通过公安机关侦破诈骗案，或者进行司法诉讼，来维护自己的合法权益，挽回存款损失。

存款保险对于购买银行理财产品和存款失踪的个案不予赔偿，但一旦银行理财成为体制性的资金期限错配和拆东墙、补西墙的"庞氏骗局"，存款失踪频繁发生，严重损害了银行信用，银行的经营状况就会出现系统危机，危机严重到银行被接管、清算、进入破产程序的程度，存款保险制度就会启动。

　　存款保险基金管理机构为了避免使用存款保险基金赔付，就会主动关注和监督银行的经营管理情况，无形中对银行形成另一重监管。对于银行来说，被强制花钱购买存款保险，换来存款保险基金管理机构监管自己，好像花钱给自己买了个"紧箍咒"，为"银行是弱势群体"的判断增加了一个确凿证据，对银行的既得利益是个冲击。

　　从银行的根本利益和长远利益上讲，银行花钱买监督是对银行垄断权力的救赎，只有保护了银行信用，才能保住银行的生存和发展。由于存款保险制度能够制约银行违规经营，防范存款失踪的风险，从制度逻辑上讲，存款保险能够拯救存款失踪。

影子银行是天使还是魔鬼

2014年10月8日，国际货币基金组织（IMF）发布《全球金融稳定报告》，认为金融危机后影子银行持续增长，新兴市场经济体影子银行势头强劲，规模占到了GDP总量的35%~50%，更是以20%的年增长率赶超了传统银行。国际货币基金组织金融顾问何塞·范内斯表示，如不解决影子银行的风险，将有可能危及全球金融稳定。

在中国，有人说影子银行是正规金融体系的重要补充，为解决中小企业融资难立下了汗马功劳。也有人认为，影子银行乱象丛生、野蛮生长，是中小企业融资贵的罪魁祸首。那么，影子银行究竟是什么？该如何防范影子银行潜在的风险？

1. 影子银行的前世今生

"影子银行"（The Shadow Banking）的概念诞生于2007年的美联储年度会议。影子银行系统（The Shadow Banking System）的概念，由美国太平洋（601099,股吧）投资管理公司（PIMCO）执行董事保罗·麦卡利（Paul McCulley）首次提出并被广泛采用，它包括投资银行、对冲基金、货币市场基金、债券、保险公司、结构性投资工具（SIV）等非银行金融机构。

包括中国在内的所有G20成员国组成的为促进金融体系稳定而成立的合作组织金融稳定理事会（Financial Stability Board，简称FSB）对影子银行的定义是：游离于银行监管体系之外、可能引发系统性风险和监管套利等问题的信用中介体系（包括各类相关机构和业务活动）。影子银行引发系统性风险的因素主要包括四个方面：期限错配、流动性转换、信用转换和高杠杆。

美联储定义的影子银行，是指那些有着类似银行的功能，但又无法直接获得中央银行流动性和公共部门信用担保支持的金融中介。

中国银监会发布2012年报认为，银监会所监管的六类非银行金融机构及其业务（包括信托公司、企业集团财务公司、金融租赁公司、货币经纪公司、汽车金融公司和消费金融公司）、商业银行理财等表外业务不属于影子银行。按照银监会的排除法，好像只有小额贷款公司和民间借贷属于影子银行。

国务院办公厅在《关于加强影子银行监管有关问题的通知》中，主张中国的影子银行主要包括三类：一是不持有金融牌照、完全无监管的信用中介机构，包括新型网络金融公司、第三方理财机构等；二是不持有金融牌照，存在监管不足的信用中介机构，包括融资性担保公司、小额贷款公司等；三是机构持有金融牌照，但存在监管不足或规避监管的业务，包括货币市场基金、资产证券化、部分理财业务等。国务院围绕有无金融牌照和监管是否充足划分影子银行的范围。

看来，中国的金融市场对影子银行的看法众说纷纭。按照中国社科院金融研究所发展室主任易宪容的说法，只要涉及借贷关系和银行表外业务的都属于影子银行。

2. 既不是天使也不是魔鬼

FSB发布的《2014全球影子银行监测报告》显示，中国的影子银行规模居全球第三，增速全球第二。美国14.04万亿美元，规模最大。英国第二，有4.7万亿美元。中国以2.7万亿美元居第三。报告对影子银行的看法是一分为二的：对经济发展而言，影子银行可以对实业融资产生推动作用；一旦影子银行开始扮演银行的角色（如提供流动性和杠杆）并与常规银行业的联系日益紧密时，就会成为系统性风险的源头之一。

凡是存在的都是合理的。影子银行既不是天使，也不是魔鬼，金融市场应当中性看待影子银行。

既然影子银行对经济发展有利有弊，中国的金融市场应当趋利避害，疏导影子银行支持实体经济和中小企业创新发展，保持金融稳定，守住影子银行不形成区域性和系统性金融风险的底线。

影子银行风险与监管套利（regulatory arbitrage）密切相关。监管套利是指各种金融市场参与主体通过注册地转换、金融产品异地销售、把表内业务做成表外业务等方式，从监管要求较高的市场转移到监管要求较低的市场，从而全部或者部分地规避监管、牟取超额利益的行为。

新闻媒体广泛报道过的民生银行（600016,股吧）武汉分行和武昌支行与15位储蓄存款客户因为7860万元发生纠纷，涉及银行以理财产品的名义招徕储蓄客户为银行的承兑汇票债权提供存单质押担保，是典型的影子银行风险案例，可以从中窥见影子银行存在什么样的风险以及如何依法治理影子银行风险。

15位客户与民生银行武昌支行之间建立了22个储蓄存款合同法律关系，存款额合计7860万元。虽然民生银行武汉分行与湖北永福投资有限公司签订了《银行承兑协议》，但武汉分行并没有真实地向永福公司开具承兑汇票。民生银行武汉分行下属的武昌支行向永福公司开具了承兑汇票，二者事实上存在借贷合同法律关系，只是武昌支行给永福公司开具的承兑汇票没有真实贸易背景。永福公司与15位银行客户之间表面上签订了《借款合同》，但二者之间实际上没有借贷往来，二者之间的借款合同法律关系并不成立。民生银行武汉分行与15位客户之间表面上签订了《担保合同》，但民生银行武汉分行并没有真实地向永福公司开出承兑汇票，二者之间的担保合同法律关系没有成立。

诡异的是，形式上存在《借款合同》《担保合同》和《银行承兑协议》共3个合同，但这3个合同全部没有真实的合同法律关系，这3个合同事实上都是虚假合同；而15位客户与民生银行武昌支行之间虽然没有签订合同，但由于15位客户在民生银行武昌支行共存款7860万元，事实上15位客户与民生银行武昌支行存在储蓄存款合同法律关系。

民生银行只给永福公司核定了3000万元贷款授信额度，但经民生银行武汉分行审批，武昌支行向永福公司实际发放了1.2亿元贷款，开具的近8000万元银行承兑汇票绕过了贷款监管。永福公司的实际控制人李睛卷款4亿元潜逃，4亿元中既包括民生银行的贷款，也包括其他银行和债权人的贷款。李睛"跑路"已被公安机关立案侦查。

3. 法治影子银行

笔者认为，民生银行武汉分行和武昌支行开展的该影子银行业务，形成了如下金融风险：

本来民生银行武昌支行只有对永福公司的3000万元贷款权限，由于绕开贷款监管，将贷款业务转移至表外，武昌支行拥有了1.2亿元的贷款权限，形成了商业银行总行的管理风险和监管机构处罚的监管风险。

将储蓄客户的存款招徕、挪用为银行的债权担保，涉嫌侵犯了客户的储蓄存款所有权，违反了《商业银行法》和《储蓄管理条例》关于储蓄存款原则的规定，造成了银行的信用风险。

根据《中华人民共和国民事诉讼法》（以下简称《民事诉讼法》）及其司法解释关于其他组织的规定和《担保法》及其司法解释关于存单质押转让无效的规定，银行分支机构是对外独立承担责任的法律主体，银行本来想为债权安全作担保，但债权变更时担保没有征得担保人的同意跟着变更，担保最终悬空，债权安全得不到保障，形成了不良资产风险。

由于银行和储蓄客户有争议，银行不肯支付存款本息，造成资金流动性风险。

民生银行武昌支行有1.2亿元的资产收益风险，15位客户有7860万元的资产收益风险。

这些影子银行风险都是由企图钻法律的空子造成的。如果严格执行现有法律法规和监管规则，这些风险本来完全可以避免。影子银行是利率管制和市场管制下的必然产物，也是金融市场主体规避管制所实施的金融创新的结果。

除了执法外，针对金融管制和金融抑制的现状，立法避免影子银行规模扩大并规范影子银行运行，是法治影子银行风险的题中应有之义。

根据凡属重大改革应于法有据的原则，为利率市场化立法，有利于避免影子银行规模扩大，并整体降低企业的融资成本。如果中国的商业银行能够依法根据市场行情决定利率，就失去了将银行理财做成变相的高息揽储的动机，也失去与信托公司合作高息发放贷款的动力，也丧失了违规为没有真实贸易背景的企业开具承兑汇票的企图，中国的影子银行规模不仅不会扩大，还有可能缩小，中央政府和"一行三会"的金融稳定压力就会大大减轻。

为民间投资和民间借贷立法，实现民间投资和借贷的阳光化和规范化，对于规范影子银行运行具有重大意义。立法后，民间投融资不再是地下金融，影子银行也不会野蛮生长。立法民间投资和借贷，在有利于提高人民群众财产性收入的同时，也降低了中国的影子银行风险，还对民富国强和金融稳定发挥积极的作用。

金融大案频发考验金融法治

进入2016年，新闻媒体接连报道北京农行39.15亿元票据变报纸，兰州中信银行票据被诈骗9.69亿元。金融大案频发成为中国金融市场的现象，金融业有必要反思，金融大案是否考验金融法治？

1. 大案频发昭示金融生态

据不完全统计，金融反腐大案中，2015年内已立案查处银行高管12人，其中副行长及以上级别8人；查处券商高管15人，另有3人失联；查处包括证监会副主席姚刚在内的证监会官员，有8人因涉嫌内幕交易、伪造公文印章等落马。

在商业银行业，据报道，2014年至2015年6月，仅是媒体曝光的巨额存款纠纷事件就发生了35起。其中，有18起是存款"失踪"，涉及金额超过46亿元，包括兴业银行涉嫌非法集资的"卷款潜逃"事件中的30亿元；有17起是"飞单（银行工作人员利用投资者对银行的信任，卖不属于银行自己的理财产品，从中获得高额的佣金提成）"事件，涉及金额超过12亿元，主要发生在个人储户身上。在18起存款"失踪"事件中，有12起是储户被骗，其中8起是储户因贪图"贴息存款"被骗。

2016年1月22日，农业银行公告北京农行票据买入返售业务发生重大风险事件，涉及风险金额为39.15亿元。2016年1月28日，中信银行确认，中信兰州分行发生票据无法兑付风险事件，经核查的涉及风险资金金额为9.69亿元。中央银行金融统计数据显示，截至2015年12月底，金融机构的票据融资规模是45838.17亿元，占各项贷款的5%左右，较2014年年底的29232.99亿元，增加了16600多亿元。纸包不住火，有专家分析认为，农行和中信银行票据案，是票据市场最早倒下的多米诺骨牌。其实早在2014年，民生银行武昌支行开具的7760万元承兑汇票款，被湖北永福投资有限公司法定代表人李晴卷款跑路，而民生银行武汉分行用十几位储户的存单为开具该承兑汇票做担保。

数据显示，2015年证监会系统共受理违法违规有效线索723件，较2014年增长明显，新增立案案件共计345件，同比增长68%；新增涉外案件139起，同比增长28%；办结立案案件334件，同比增长54%。截至2015年12月31日，证监会累计对288名涉嫌当事人采取限制出境措施，冻结涉案资金37.51亿元，金额创历年新高。信托业的大案是兑现违约。用益信托网数据显示，截至2015年11月底，信托存在违约风险的项目有524个，涉及资金合计1166亿元。

商业保险业虽没有大案见诸报端，但保险高现价产品埋藏风险，保险业负债端和资产端的匹配问题，成为金融市场关注的热点。保监会在2016年全国保险监管工作会议上表示，监管工作要防范满期给付和非正常退保风险，建立资产负债匹配监管的长效机制。同时，开展现金流压力测试，防范和化解现金流风险。2015年以来举牌上市公司的保险资金，大量来源于以销售高现金价值保险产品为主的保险公司，而具有此类刚性兑付压力的保险公司多数为中小险企。

仅是2015年披露出来的非法集资、诈骗等金融大案，就有泛亚贵金属案（涉及20多个省份的22万名投资者的430亿元资金）、金赛银案（涉及60亿元投资款）、宁波众银财富案（老板带走1000多名投资者的1亿多元资金跑路）、MMM金融互助案、四川汇通担保（涉案金额约100亿元）、河北融投案（涉及资金达数百亿元）、众多销售原始股案、众多银行高息存款和理财案、1166家P2P平台倒闭跑路案等。

金融大案频发，表明已有的金融法规难以经受考验，昭示着中国的金融生态问题重重，不能排除系统性金融风险发生。要防范和化解系统性金融风险，中国面临着严峻的金融改革，呼唤成熟的金融法治。

2. 金融改革呼唤金融法治

金融是现代经济的核心。金融改革和金融法治应当成为经济改革和市场法治的核心。金融改革和金融法治理当互为前提。金融法治为金融改革保驾护航的理念过时了，金融法治不该只是一个工具，金融法治既应当成为金融改革的重要资源，又应当成为金融改革的目标。如果金融改革与金融法治合二为一，金融法治成为金融改革本身，金融法治成为金融改革的信仰，金融改革与金融法治的目标可望同时到来。金融法治的核心在于约束金融权力，保护金融权利，把金融权力关进金融权利的笼子里，实现金融民主与金融法治的配套和协调一致。

第一，将开门立法作为金融立法的主流，摒弃行政主导立法。2016年2月23日，广东省人大常委会召开2016年立法需求社情民意调研新闻发布会。开门立法是广东省在立法上的改革和创新，也是《宪法》和《立法法》的本意。政府是执法部门，不是立法部门，要防范金融市场的政策随意性和不稳定性，杜绝监管套利和政府承担过大的责任，就要正本清源，摒弃过去行政主导立法的非法治做法。如果将开门立法在全国范围内和金融领域推广，就能够有效防止金融立法权沦为一些政府部门和地方政府追求利益的工具。金融法治要求破除局部利益法制化，通过金融公开立法的民主博弈，建立公平、正义的金融法律体系。

第二，尽快填补基础性的金融立法空白，完善金融法治体系。中国的金融市场分不清投资和借贷，金融市场主体在投资和借贷的混乱中产生了大量的金融风险和金融案件，有必要填补《投资法》或《投资促进法》《借贷法》的立法空白。鉴于金融机构与金融消费者之间存在大象与蚂蚁般的力量悬殊，填补《金融消费者权益保护法》的立法空白非常重要，彻底改变对金融机构的过度保护而对投资者和金融消费者保护不足的现状。修改现行金融法律中不适应金融市场和金融法治的部分，逐步完善中国金融法治体系。

第三，改革"龙多不治水"的金融监管状况，体现金融监管的程序正义。中国有全世界最多的"一行三会"和地方金融办五套金融监管机构，"龙多不治水"表现为划分利益和势力范围，有利时抢着管，无利时没人管，金融消费者和弱势群体的合法权益往往被忽视。由于金融市场是统一的，金融监管也需要统一而不是分而治之。中国的金融市场再大，一个中央银行和一个金融监管机构管不好的话，多个金融监管机构更管不好。没有程序正义就没有实体正义，从强调金融监管的程序合法性出发，能够建设权责分明的金融监管体系，引导金融机构进行合法合规的体系建设。

第四，只有让人民群众在每一个金融案件中感受公平正义，金融法治才能真正成为金融市场和全体国民的信仰。证券市场虚假陈述案件以行政处罚为前置条件，阻碍了投资者行使诉讼权利，应当废除这个规定。针对金融理财、投资、借贷中虚假陈述泛滥的现象，应当规定在整个金融市场，投资者和金融消费者均有权直接起诉虚假陈述者。《民事诉讼法》第五十二条、第五十三条和第五十四条规定的共同诉讼和代表人诉讼基本处于闲置状态，只要共同诉讼和代表人诉讼的权利救济方式在金融市场普及推广，就能以较低的成本实现投资者和金融消费者的权益保护，从而加大金融欺诈者的违法犯罪成本，防止金融大案频发，从而防范系统性金融风险。

第五，促进金融市场全员守法，重建金融机构信用。金融守法方面，金融机构从业人员出于业绩和利益驱动，往往忽视金融机构信用，不为金融消费者的合法权益考虑，夸大宣传，虚假陈述，而金融消费者金融知识欠缺、法律意识淡薄，造成金融市场的守法难题，损害金融机构信用。针对问题，金融市场应当加强金融风险教育，为投资者和金融消费者普法，提升金融市场主体的守法意识。另外，金融行业协会除了做到行业自律外，还要着眼于金融消费者的合法权益保护，才能协力做好做大金融市场。

第六，在金融立法、执法、司法和守法中淡化所有制意识形态，公平对待金融机构和金融消费者，公正对待国有、民营和外资金融市场主体，尤其在公平、公正发放金融牌照方面要有实质性突破，这是金融法治的题中应有之义。

以信用为核心修改《商业银行法》

2015年6月24日召开的国务院常务会议，通过了《中华人民共和国商业银行法修正案（草案）》，由此拉开了修改《商业银行法》的序幕。《商业银行法》于1995年颁布实施，并于2003年进行了第一次修改。现在要进行20年来的第二次修改，怎样修改才能避免《商业银行法》成为银行业发展的桎梏，让中国的银行业更加市场化，促进银行提升国际竞争力？这是修改《商业银行法》不得不回答的问题。

1. 信用是银行的生命

国务院的《商业银行法》修改草案拟废止贷款余额与存款余额比例不得超过75%的规定，将存贷比由法定监管指标转为流动性监测指标，目的在于完善金融传导机制，增强银行扩大"三农"、小微企业等贷款的能力，服务实体经济。

国务院的《商业银行法》修改草案还没有被完整披露，披露的——废止贷款余额与存款余额比例不得超过75%的规定，应是争议最小的修改内容。根据《立法法》的立法程序，该草案必须提请全国人大常委会审议，三次人大常委会会议审议后再交付表决，表决通过后由国家主席签署主席令予以公布，才能成为可以实施的新的《商业银行法》。期间要经过复杂的程序和博弈，因此，《商业银行法》修改草案与最终实施的《商业银行法》之间，还有一些变数。

金融是现代经济的核心和血脉，银行是金融的重要组成部分。信用维系着银行的生存和发展，银行信用决定银行的竞争力和生命力，缺乏信用的银行早晚会倒闭，因此，信用是银行的生命。据《证券日报》记者观察，2015年6月初银行板块整体市盈率仅为7.75倍，为中国股票市场上唯一整体市盈率低于10倍的板块。为什么证券市场不看好账面盈利颇丰的商业银行？乃因中国的银行整体信用不足，证券市场不看好银行信用所致。

有媒体于2015年6月底做了《"存款失踪"真相》的封面报道，国内银行一年半内竟爆出18起存款失踪案，涉及金额46亿元。读者和银行储户看到的不是存款失踪个案，大部分银行都有存款失踪案，国有银行和民营银行都发生过，涉及河北、浙江、广东、河南、湖南、四川、湖北等全国各地多个省份，"失踪存款"少则数万元，多则数亿元。形形色色的存款失踪案，是商业银行信用缺失的标志性事件。

事实上，体现商业银行信用缺失的还不只是多起存款在银行"不翼而飞"的事件，而是银行对"存款失踪"千篇一律的解释：基本不存在存款丢失的事情，绝大多数是储户被不法分子骗了。现行的商业银行体制，驱使银行相关工作人员推卸责任，这是银行信用缺失的深层次表现。

为什么中国的互联网金融最为活跃？为什么中国互联网金融走在全世界的前列？一是因为中国的商业银行信用不足，不能充分满足实体经济的需要，给了互联网金融发展的机会和空间；二是因为管理层支持互联网金融冲击包括国有银行垄断在内的国有金融垄断，推动金融改革和竞争，迫使金融机构提高效率。

2. 重建商业银行信用

既然信用是银行的生命，《商业银行法》就要围绕信用做文章，修改《商业银行法》应以信用为核心，重建商业银行信用。以信用为核心修改《商业银行法》，可以让《商业银行法》修改变得简单易行。凡是有利于增强商业银行信用的改革措施，都可以进入《商业银行法》；凡是有损于商业银行信用的条款，应当从《商业银行法》中剔除。

重建商业银行信用有以下六种举措。

第一，处理好银行与客户的关系。《商业银行法》第五条规定："商业银行与客户的业务往来，应当遵循平等、自愿、公平和诚实信用的原则。"《商业银行法》第六条规定："商业银行应当保障存款人的合法权益不受任何单位和个人的侵犯。"《商业银行法》的这些总则规定目的在于维护银行信用，但缺乏维护银行信用的具体措施和做法，应当在《商业银行法》分则中增加相应的内容。

第二，强调银行设立没有所有制束缚，对打破国有银行集体垄断有重要意义，破解银行混合所有制改革难题便水到渠成。《商业银行法》第十二条规定，设立商业银行的实质要件是资本、人才和软硬件设施，并没有所有制束缚。过去国有银行信用由政府背书，《存款保险条例》的出台和存款保险制度的建立，国有银行失去了政府背书，银行信用由市场机制做保障，民营银行与国有银行第一次站在公平的存款保险制度平台上。因此，在修改《商业银行法》时，有必要增加"民营控股的银行与国有控股的银行具有平等的设立和运营地位"的条款，以纠正过去对民营银行的所有制歧视，打破国有银行集体垄断，加强银行业竞争，破解银行混合所有制改革难题。

第三，商业银行设立规模法定，发展规模由市场决定。民营银行并不是只有做小银行的资格，根据《商业银行法》第十三条规定，设立全国性商业银行的注册资本最低限额为10亿元人民币，只要注册资本在10亿元以上的银行，都是全国性商业银行。至于银行是面向中小企业还是大型企业，那是市场细分和银行的竞争力问题，不应当打上所有制烙印。中国平安和民生银行虽然是民营银行，但经历不长的发展历史，就已经成长为具有国际竞争力的金融机构，早已成为世界500强企业。

第四，修改《商业银行法》，应允许混业经营。金融混业经营是世界潮流，可提升银行的综合竞争力，但现有法律规定与混业经营相冲突。《商业银行法》第四十三条规定："商业银行在中华人民共和国境内不得从事信托投资和证券经营业务，不得向非自用不动产投资或者向非银行金融机构和企业投资，但国家另有规定的除外。"有人建议将"向银行发放证券牌照"写进《商业银行法》，这是外行的混业经营建议。金融有其专业性，银行并不擅长证券和保险业务，证券公司最擅长证券业务，让中国保监会监管银行和证券公司是不负责任的。只需要修改《商业银行法》和其他金融法律中限制混业经营的部分，允许银行作为股东投资证券公司、保险公司、信托公司等非银行金融机构，这既实现了混业经营，又保持了金融的专业性，还不让监管产生混乱。

第五，在《商业银行法》中对银行理财、互联网银行等大是大非问题做出明确规定。商业银行经营银行业务是正途，经营"影子银行"业务是不务正业，尤其是绕过银行资产负债表的银行理财业务，由于体制扭曲，有"庞氏骗局"的重大嫌疑。在修改《商业银行法》时，应当允许银行有投资理财业务公司或投资资产管理公司，禁止银行直接从事银行理财业务，为银行建一道与理财业务隔离的防火墙，防范理财业务损害银行信用的风险。互联网银行是新生事物，应将互联网银行纳入《商业银行法》，明确互联网银行的规范。

第六，修改《商业银行法》要体现公开、公平和公正的原则。媒体报道披露，银监会成立的《商业银行法》修订小组，由银监会法规部牵头，并抽调了部分商业银行人士，这容易导致《商业银行法》对银行的自利而忽视社会公共利益，《商业银行法》应当代表全国人民的意志和利益。因此，《商业银行法》草案就应当公示，让社会各界和全国人民参与，才能体现公开、公平和公正，进而修改出良好的《商业银行法》，有利于《商业银行法》的顺利实施。

第（四）章

财富管理如何走向法治

财富管理如何不任性

"有钱就是任性"是2014年的一个网络热词。

先介绍热词背后的故事：一位被称为"老刘"的土豪于2014年4月买保健品时被骗，在支付了7万元的时候就已经发现被骗，但为了能让公安机关立案侦破，就继续给骗子汇钱，直至汇到54.4万元时破了骗局，被广大网友调侃为"有钱就是这么任性"。

网友对财富管理的理解，是老刘的做法不理性，导致更多钱财被骗的风险。老刘对财富管理的看法与网友恰恰相反，用增加自己成本的方式增大了骗子的风险，以法治思维救济财富管理损失，这是理性而不是任性。

这个有趣的案例提出的问题值得深思：中国人的财富管理能否任性？什么是财富管理的理性？

1. 富人有多任性

30多年前，中国人对财富的向往，是在吃饱肚子的前提下过上"楼上楼下、电灯电话"的生活。进入21世纪后，中国基本解决了温饱问题，大部分人过上了小康生活，一部分人变得越来越富裕，直至阿里巴巴创始人马云超越李嘉诚成为亚洲首富。

彭博社亿万富翁指数的数据每天更新。现年86岁的李嘉诚长期以来是华人首富且自2012年4月5日以来一直是亚洲首富，到2014年12月12日的个人财富为283亿美元。2014年12月12日，现年50岁的马云个人财富达到286亿美元，比李嘉诚多3亿美元。

瑞士信贷2014年10月14日发布的《2014年全球财富报告》显示，全球财富在过去的一年里增加了8.3%，达到创纪录的263万亿美元。全球财富比2008年金融危机前的峰值高出20%，比2008年危机最严重的低谷期高出39%。虽然全球经济整体萧条，但私人财富仍然高歌猛进，表明"民富"是世界潮流。

从全球财富分布看，北美和欧洲的财富基数和增幅均名列前茅。北美财富居于世界首位，占全球的34.7%，欧洲位居第二，占全球财富的32.4%，这两个地区上年度财富增幅均为11%。中国大陆财富位居第四，占8.1%，增幅3.5%。拉丁美洲财富变化微乎其微，印度财富则下降1%。

在国别上说，英国、韩国和丹麦财富增幅最快，发生战乱的乌克兰、在拉美陷阱中没有走出来的阿根廷、自然灾害频繁和环境问题严重的印度尼西亚财富缩水最严重。就人均财富而言，最高的依然是瑞士，人均58.1万美元，瑞士成为全球仅有的人均财富超过50万美元的国家。人均财富紧随瑞士的是澳大利亚、挪威、美国和瑞典。

全球个人财富净资产的平均值达5.6万美元，创历史新高，但个人财富的中位数却自2007年来骤降14%，为3650美元。这意味着任何一个人的财富只要达到3650美元，就成为全球最富裕的一半人中的一员。自2008年金融危机以来，全球财富分配不平等在加剧，发展中国家的财富分配两极分化更明显。

根据《2014年全球财富报告》的划分，财富为1万美元至10万美元属于中产阶层，全球共有10亿人。中国中产阶层比2000年翻了一番，占全球的1/3，为3.3亿人。中国大陆个人平均净资产自2000年以来迅速增加，从5670美元达到2014年的约2.13万美元，个人资产中值为7033美元。2010年以来中国人财富增加的主要因素为人民币升值。

2. 理性把握财富权

人对财富的权力分为两类：一种是创造财富的权力，另一种是使用财富的权力。从道理上说，只有创造财富的人，才有权力使用财富，但由于有继承、赠予、委托管理财富等现象存在，使用财富的人不一定是创造财富的人，创造财富和使用财富是两个事物。

人们在创造财富时，应当遵循中国历来讲究的"君子生财，取之有道"的原则。按照市场逻辑才能创造财富，按照强盗逻辑不仅不能创造财富，反而会毁灭财富。有的官员通过贪污、受贿等腐败方式敛取财富，把成亿的现金堆在房屋里，自认为是创造财富，实际上是在把别人和社会搞穷的同时为自己和家庭创造贫穷。贪官用现金堆起来的不是财富，而是自己的牢笼甚至是坟墓。

世界上有三种力量，分别是武力、金钱和知识，都与财富密切相关。

枪杆子里面出政权。政权可以保卫国民的财富，但枪杆子不能创造财富。中国改革开放30多年来正是在和平的环境下，取得了令世界瞩目的巨大成就。发生战乱的乌克兰是过去一年里财富缩水最严重的国家，俄罗斯的财富减少与乌克兰局势有直接关系，把武力放在第一位的朝鲜是世界上最贫穷的国家之一。

金钱不是万能的，但没有金钱是万万不行的。用金钱投资，可以创造财富，但如果信奉"有钱能使鬼推磨"，人就会被金钱主宰，变成金钱的奴隶，反而会毁灭财富。

知识就是力量。财富是创造出来的，知识是创新出来的，财富和知识的产生过程是相通的，知识产权本身就是财富。创新激励和知识产权保护有利于创造财富。中国古代有"四大发明"，因此，中国在很长的世界历史中都是最富裕的国家。北美和欧洲的财富目前居于世界前两位，就是因为北美和欧洲的知识创新能力超前。

使用财富的逻辑是"你不理财，财不理你"，个人、家庭、团体和国家财富都是如此。财富是辛辛苦苦创造出来的，要热爱财富，珍惜财富，不要糟蹋财富。贪污和浪费都是一种违法犯罪行为。钱要花在刀刃上，财富应当放在正确的位置，财富使用要讲究效率和效果。吸毒、赌博和抽烟也在使用财富，但这三种都是对人有百害而无一利的财富使用方式。

3. 财富管理关乎法治

财富管理是对个人、家庭、公司和团体的既有财富与未来财务收入进行规划、运作，将财富进行收益、流动和风险管理，以降低风险、实现财富保值增值的一种专业金融活动。市场主体从事个人和公司财富管理，政府对公共财富进行管理。

不管是市场主体，还是政府，要做好财富管理，就要有产权清晰、遵守合同、诚实信用的法治保障。

产权清晰要求财富的所有权清楚，谁的就是谁的，不得侵犯财富的所有权。《宪法》第十二条规定，禁止任何组织或者个人用任何手段侵占或者破坏国家的和集体的财产；第十三条规定，公民的合法的私有财产不受侵犯，国家依照法律规定保护公民的私有财产权和继承权；国家为了公共利益的需要，可以依照法律规定对公民的私有财产实行征收或者征用并给予补偿。《物权法》对中国人的财富权利做出了详细的规定。

遵守合同要求财富管理有契约精神，做到"先小人，后君子"，在不违反法律的强制性规定的前提下，严格按照合同约定进行财富管理。《中华人民共和国民法通则》《中华人民共和国合同法》（以下简称《合同法》）等法律，规定了如何在财富管理活动中遵守合同。

尊重财富权利和遵守财富管理合同，都要求财富管理参与方诚实信用。没有诚实信用，就没有财富管理的良好秩序。

此外笔者认为，在法治成为国家治理现代化主要内容的中国，律师事务所等专业法律机构能够对市场主体和政府的财富管理活动发挥引导和监督作用。律师事务所可以为财团、企业、个人、家庭和团体提供投资、融资、理财、财富传承和慈善公益事业等财富管理方面的专业法律服务。

法治支撑民间投资走出低谷

据2016年5月14日国家统计局发布的数据，2016年1月至4月，民间投资8.24万亿元，同比增长5.2%，与去年全年10.1%的增速相比接近"腰斩"。民间投资占比也相应下降，2016年前4个月，民间投资占全社会投资的比重为62.1%。而在2006年至2015年，民间投资在社会总投资中的占比从49.8%一路升至64.2%，民营经济在稳增长、促创新、增就业、改善民生等方面发挥了重要作用。

民间投资降幅持续扩大，说明民间投资进入低谷。有必要研究解决民间投资存在的问题和障碍，让民间投资尽早走出低谷。

1. 降低成本增加收益

民间投资下降，说明民间投资难以盈利。如果民间投资有合理利润，民间投资不仅不会下降，反应肯定会增长。逻辑如此，事实也是如此。

民间投资难以盈利的原因是什么？笔者认为，主要是成本高。当民间投资收入不能覆盖成本的时候，民间投资就不赚钱。

民间投资的高成本，首先体现在经济成本上。

民间投资办企业，不管是从事实体经济，还是搞虚拟经济，都要有生产经营场地或办公场所。生产经营场地或办公场所的成本高，民间投资的成本自然高。

生产经营场地或办公场所的成本取决于房地产价格，而中国的房地产价格之高，堪比发达国家和地区，不少地方出现了房地产泡沫。因此，房地产价格高是民间投资成本高的重要原因之一。

民间投资办企业，不管做生产经营，还是提供服务，都要使用人力资源，雇用员工。中国是世界第一人口大国，按说人力资源供给充沛，人力资源应当成本低廉，但由于房地产价格过高，工资待遇中要包含买房或租房成本，这于无形中抬高了人力资源成本，因此人力资源成本高是民间投资成本高的第二个源头。

民间投资办企业，自有资金不足时，需要对外融资。虽然中央银行公布了基准利率，但民间投资一般得不到商业银行贷款，更难以在证券市场直接融资，只得向民间借贷市场融资，但民间借贷的市场利率一般在15%左右。融资成本高，是民间投资成本高的第三个不可承受之重。

房价高、人工贵、融资难是民间投资成本高的三座大山，降低成本就可以增加收益。但房价高、人工贵、融资难是宏观经济问题，不是民间投资企业自身所能解决的。因此，降低投资成本，是国家层面永恒的主题。

民间投资企业自身能够提高收益的途径，一是创新，二是拥有与众不同的商业模式。在创新和商业模式提高收益方面，民间投资企业需要得到国家层面的教育支持和知识产权保护。

2. 从民间投资到投资

民间投资成本高，既高在经济成本，又高在制度成本，存在所谓国有投资对民间投资的"挤出效应"。

制度成本高，主要体现在投资主体的地位不平等，国有企业存在群体垄断现象，国有企业靠特权资源生存和发展等方面。

谈到民间投资的高制度成本，让人不由想起福建首富陈发树投资云南白药的案例。

2009年8月15日，云南白药发布公告称，接到红塔集团通知，按照相关部门"烟草企业退出非烟投资"的要求，红塔集团拟退出在云南白药的第二大股东地位。

2009年9月10日，红塔集团与陈发树签订了股权转让协议，约定红塔集团将所持云南白药6581.3912万股无限售条件流通国有法人股以每股33.543元的价格转让给陈发树，占云南白药总股本的12.32%。

陈发树依约在签订股权协议后的5日内付齐了全额的股权转让款22亿元，红塔集团向陈发树开具了收款专用发票。

在陈发树支付22亿元股权款两年多后，《股权转让协议》约定的股份一直没有过户给陈发树。2011年12月，陈发树向云南省高院起诉云南红塔集团。2012年1月17日，云南红塔集团的上级单位中烟总公司作出审批回复，以"为确保国有资产保值增值，防止国有资产流失"为由，拒绝同意该股份转让交易。

2014年7月25日，云南白药公告称，公司第二大股东云南红塔集团与陈发树的股权转让纠纷已获终审判决，红塔集团自判决生效之日起10日内向陈发树返还22.076亿元本金及利息，红塔集团仍持有云南白药12.32%的股权。

陈发树本应到手的23亿元投资收益缩水为760万元贷款利息收入，还为打这场官司支付了高达1700多万元的诉讼费。红塔集团获取了收益，但损失了契约精神和企业信用，同时提高了民间投资成本和投资的制度成本，让民间投资参加PPP（政府与社会资本合作的一种运作模式）等投资心有余悸。

《宪法》第十一条规定，国家保护个体经济、私营经济等非公有制经济的合法的权利和利益。既然宪法规定国家保护个体私营经济的合法权利，民间投资占全社会投资的比例超过六成，民间投资企业与国有投资企业是平等的纳税主体，民间投资与国有投资就应当具有平等的法律地位，民间投资企业与国有投资企业应当是平等的市场主体。

民间投资与国有投资地位平等之后，就应当取消国有投资、外商投资（外商投资是境外的民间投资）和民间投资的区别。每一个市场主体的投资，设立的投资企业，都是地位平等的纳税主体。

市场主体的投资地位平等以后，投资市场准入问题迎刃而解，公平竞争的投资环境自然形成，中国在国际上的投资自由度将会大大提升。在中国范围内超越了民间投资，民间投资就不会单独存在，民间投资问题就成了投资问题，民间投资制度成本高的问题便不复存在。

3. 对投资和借贷立法

党中央、国务院历来高度重视促进民间投资工作，国务院先后出台了"非公经济36条"（《国务院关于鼓励支持和引导个体私营等非公有制经济发展的若干意见》）、"民间投资36条"（《国务院关于鼓励和引导民间投资健康发展的若干意见》）、"鼓励社会投资39条"（《国务院关于创新重点领域投融资机制鼓励社会投资的指导意见》）。

这些属于行政法规的政策，被投资界认为操作性不强，对地方政府没有强制性，因此，促进投资的效果不甚理想。

在中国国情下，政策是短期的法律，法律是长期的政策。法律比政策更能降低投资风险：法律的操作性强、确定性强，规定了违反法律条文要承担的法律责任，司法监督保障法律执行。

与其制订容易变化的鼓励投资政策，倒不如出台给投资者更明确预期的投资促进法律以及与其配套的借贷法律。《投资法》和《借贷法》是中国的立法空白，鉴于中国的金融市场区分不清投资和借贷，因此，立法《投资促进法》和《借贷法》非常必要。

《投资促进法》应当包括以下基本内容：①明确投资的定义：指资本所有者当期投入一定数额的资本，预期在未来获得收益回报的市场行为；②投资者应当对其投资行为负责，依法获取投资收益，承担投资亏损；③投资活动应当遵循平等、自愿、公平、互利、诚实信用的基本原则；④投资活动由合同约定，应当按照公平、互利、财富最大化的原则，确定投资各方的权利和义务；⑤投资应当遵循安全性、盈利性和流动性的经营原则；⑥国家对投资实行公平、公正和公开的准入原则；⑦国家保护投资者的投资、投资收益和其他合法权益，任何机关、单位或者个人不得侵占、损害。

《借贷法》应当包括以下基本内容：①明确借贷的定义：指自然人、法人及其他组织等市场主体之间借出资金，收回本金和利息的市场行为；②贷款人资金的合法性，遵照《物权法》的有关规定；③借贷应当遵守国家的法律和行政法规，不得扰乱社会经济秩序，损害社会公共利益；④借贷应当遵循平等、自愿、公平、互利、诚实信用的基本原则；⑤借贷双方应当对其借贷行为负责，依法获取收益，承担借贷风险；⑥借款人和贷款人可以就借贷金额、利息、借贷时间、借贷期限和偿还方式等内容自行约定；⑦借贷合同按照《合同法》的有关规定执行；⑧借款人向贷款人提供担保，按《担保法》的有关规定执行，签订担保合同或在借贷合同中约定担保条款，办理担保手续。

只有依靠法治，才能让民间投资在中短期内走出低谷。只要有法治做后盾，就能够在长期的改革和发展中一劳永逸地解决投资促进和融资问题，让投资和融资为实体经济服务。

信托参与方风险防范路在何方

2014年1月27日中诚信托的30.3亿元兑付危机刚过，2014年2月19日吉林信托的连续五期共8.727亿元信托产品又逾期未付。媒体报道，预计2014年内违约风险较高的信托产品有12只之多。

2014年3月13日，全国两会闭幕后，李克强总理答中外记者问时，在金融产品违约问题上明确表示："至于你问我是不是愿意看到一些金融产品违约的情况，我怎么能够愿意看到呢？但是确实个别情况难以避免，我们必须加强监测，及时处置，确保不发生区域性、系统性金融风险。"那么，信托参与方如何防范和化解风险，才能让李克强总理满意？

1．是否刚性兑付的利弊博弈

据中信证券报告，2014年将有7966只信托产品到期，规模合计9071亿元，本息合计1万亿元，约占信托公司管理资产总规模的10%。一些急于扩张规模的信托公司在涉矿、涉地、涉房信托项目上十分激进，风险控制被漠视的后果正在浮出水面。

此前的存量信托产品兑付危机，基本实现了"刚性兑付"，政府扮演了"最后担保人"的角色，出面承担刚性兑付责任，引导兑付危机软着陆。监管层和部分金融市场人士担心，一旦不能刚性兑付，就会形成多米诺骨牌效应，引发金融危机和经济危机。

有的金融市场人士则认为，既然党的十八届三中全会确立了市场在资源配置中起决定性作用，政府就不应对信托市场干预过多，信托产品全部实现刚性兑付，会给信托市场错误的信号，那就是信托市场没有风险，信托参与方不需要防范风险。只要政府为刚性兑付埋单，即便监管层反复强调信托产品是有风险的，投资者也不会相信。

反过来，信托市场出现兑付不了的信托产品，就是信托风险的最好披露和警示，投资者在购买信托产品时才会仔细研究和考虑，商业银行才不会随便将信托公司当作自己发放表外贷款的通道，信托公司才会对标的企业做详尽的尽职调查，信托市场才会鲜有信托产品不能兑付。

对刚性兑付最大的诟病，是政府用老百姓的钱去补贴少数富人。信托计划的委托人应当是合格投资者，要求合格投资者能够识别、判断和承担信托计划相应风险，最低投资金额不少于100万元，不少信托计划规定投资金额不少于300万元。信托投资者用的都是闲钱，即使信托产品兑付不了，不影响信托投资者吃饭、穿衣，刚性兑付维稳说不能成立。

2. 信托计划如何防患于未然

信托兑付危机事件频出，监管机构不得不未雨绸缪，除要求商业银行制定"生前遗嘱"外，也拟在信托业推出生前遗嘱。

生前遗嘱是化解存量信托风险的招数之一。正像预防疾病比治疗疾病成本低、风险小一样，现在到了防范增量信托产品兑付危机的时候。预防信托风险，是防范增量信托兑付危机发生的主要矛盾的主要方面。

预防信托风险，有法可依。商业银行和信托公司不应为了追求超额业绩，而将《商业银行法》《信托法》和中国银监会颁布的《信托公司管理办法》《信托公司集合资金信托计划管理办法》和《信托公司治理指引》等法律、规章束之高阁。

第一，商业银行应避免借助信托通道，违规将表内贷款业务变成"影子银行"业务。截至2013年11月30日，中国信托业资产管理规模达10.67万亿元，仅次于商业银行坐上金融服务业第二把交椅。不过信托业内估计，其中6.8万亿元属于无技术含量、收费低廉的银行通道业务。如果借款公司有还本付息的风险，或者商业银行没有贷款额度，商业银行应直截了当对贷款申请说不，不要把不良资产风险转嫁给信托公司或自己的私人银行客户，防止损害银行信用。

第二，信托公司要恪尽职守，履行诚实、信用、谨慎、有效管理的义务，保证对信托风险能够进行事前防范、事中控制、事后监督和纠正。作为"受人之托、代人理财"的专业机构，信托公司禁忌以下行为：一是承诺信托财产不受损失或者保证最低收益；二是向非合格投资者推介信托计划；三是信托计划缺乏科学的事前尽职调查；四是以卖出回购方式管理运用信托财产；五是违反信托合同、处理信托事务不当；六是信托财产或资金可能遭受重大损失时，不及时向投资者报告。

第三，商业银行在与信托公司合作时不得有以下行为：①向非合格投资者销售信托产品；②代信托公司向合格投资者推介信托计划时虚假宣传；③作为资金保管人怠于履行对信托公司的业务监督与核查的责任；④不纠正或报告信托公司的违法或违约操作。

商业银行和信托公司都是金融机构。金融机构的日常使命是保持信用和防范风险。如果说金融是现代经济的核心的话，信用和风险就是金融的正负两极。金融的两极均不出问题，才能保障现代经济秩序井然。

3. 投资者素质决定金融未来

信用和风险这两个金融的正负两极，表面上看是由金融机构把控的，其实是由投资者决定的。投资者是金融活动的细胞和主体，没有投资者参与金融活动，金融机构无法唱独角戏。投资者有权要求金融机构讲信用，也有权要求金融机构防范风险。当金融机构的信用和风险把控得好，投资者会热情拥抱金融机构。一旦金融机构不讲信用和风险失控，金融机构就难以生存和发展下去。

投资者参与信托计划，首先要成为合格投资者。金融上的合格投资者，是达到一定资产规模或者收入水平，具备相应的风险识别能力、风险判断能力和风险承担能力的自然人、法人或其他组织。根据《信托公司集合资金信托计划管理办法》第六条规定，信托计划的投资者至少要有100万元的净资产，自然人或家庭投资者应当是"金融资产百万富翁"。借钱凑足100万元的投资者，显然不属于合格投资者。

投资者应当掌握信托的本质，解决对金融机构的信任问题。信托的本质，是投资者基于对商业银行和信托公司的信任，将其财产权委托给这些金融机构，金融机构以自己的名义，管理或者处分信托财产，帮助投资者实现收益或者特定目的。不是所有的金融机构都能被信任，也不是一个金融机构能够被永远信任。并非金融机构就一定讲信用，也不是国有金融机构就不会违规经营。投资者在将财产权委托给金融机构之前,应当委托律师事务所等专业机构,对拟合作的金融机构做尽职调查,核实该金融机构是否值得信任。

投资者要行使事后监督权,督促参与信托计划的金融机构诚实信用。投资者有权了解其信托财产的管理运用、处分及收支情况,并有权要求金融机构作出披露。如果金融机构违背信托责任,投资者可以请求司法机关强制金融机构赔偿损失。只有金融机构为违法违约行为付出代价,金融机构才有动力在今后少犯错误甚至不犯错误。

有什么样的投资者,就有什么样的金融机构;有什么样的金融机构,也就有什么样的信用和风险;有什么样的信用和风险,决定着金融市场有什么样的未来。投资者的素质影响和决定着中国金融的未来,投资者责任重大。

别急着给李嘉诚扣帽子

2015年9月以来，亚洲首富和华人首富李嘉诚深陷从我国内地和香港撤资的舆论旋涡，甚至有人在媒体上高喊"别让李嘉诚跑了"。给李嘉诚扣上"跑路"帽子的依据是，自2013年起，李嘉诚抛售大陆和香港不动产的消息不断见诸媒体，2015年9月李嘉诚旗下公司完成"迁册"。据不完全统计，至2015年4月止，李嘉诚通过转让资产或其他方式套现近800亿元人民币。同时，李嘉诚加大了对欧洲尤其是英国的投资。李嘉诚旗下公司回应称，集团没有撤资，强调有买有卖是正常的商业行为。要理性看待李嘉诚一时的行为，就要了解李嘉诚的人生经历。

1. 投资和慈善大王李嘉诚

李嘉诚于1928年7月29日出生于广东潮州，祖籍福建莆田。1939年6月，刚读初中的李嘉诚与家人为躲避战乱辗转到香港，是长江和记实业有限公司及长江实业地产有限公司董事会原主席，也是李嘉诚基金会有限公司及李嘉诚（海外）基金会主席。

1958年李嘉诚开始投资地产。1979年李嘉诚收购老牌英资商行"和记黄埔"，成为首位投资并购英资商行的华人。1981年获选"香港风云人物"和太平绅士。1989年获英国女王颁发的CBE（大不列颠帝国勋章）勋衔，1992年被聘为港事顾问，1995年至1997年任特区筹备委员会委员。

自从1999年被福布斯评为全球华人首富以来，连续15年蝉联华人首富宝座。2014年《福布斯》杂志公布的全球富豪排名，李嘉诚的净资产总值高达310亿美元，全球排行第20位，成为华人财富和亚洲财富的代言人。

李嘉诚年轻时白手起家，一生的奋斗历程以"超越"为主题。李嘉诚不断超越巅峰，超越对手，超越自己，以"超人"闻名于世。李嘉诚是香港乃至华人世界的商业传奇，产业触角遍布全球52个国家，横跨通信、基建、港口、石油、零售等各个领域。

自1980年起，李嘉诚决定设立个人基金会，希望在他离开这个世界之后继续做事，而且要求所做的事比他在世时做的只多不少。2007年5月，美国《时代》杂志公布全球最有影响力的两位慈善家，李嘉诚名列其中，与世界首富比尔·盖茨齐名。李嘉诚通过帮助别人，赋予财富新的意义，追求内心的富贵。

2015年9月8日，胡润2015年华人慈善报告出炉，李嘉诚继续位列榜首。据统计，李嘉诚基金会至今已捐献超过150亿港元，主要支持教育及医疗公益项目，其中87%用于大中华地区。李嘉诚捐助50多亿元兴建汕头大学，李嘉诚基金会捐资创办了长江商学院。李嘉诚捐献给社会的财富，比大多数进入大陆富豪榜的富豪的净资产还要多。

李嘉诚坦言，"识赚钱更要识使钱"。李嘉诚对赚钱的重视程度不及捐钱，李嘉诚基金会被形容成是其第三个儿子，他甚至为慈善卑躬屈膝在所不辞。

相比捐献的巨额慈善公益资产，李嘉诚对慈善公益事业更大的贡献，在于李嘉诚培育和倡导奉献文化。李嘉诚以华人首善的形象，以"建立自我，追求无我"为宗旨，鼓舞和引领更多的人在成就自我的同时造福社会。

纵观李嘉诚的人生经历，李嘉诚有两个事业，一个是投资赚钱的事业，华人投资大王的桂冠非李嘉诚莫属；另一个是公益花钱的事业，奠定了其华人慈善大王的地位。在世界经济一体化的今天，李嘉诚有权力、有能力在任何地方投资。李嘉诚投资到英国和世界各地的收益，最终会变成慈善公益基金，让华人社会尤其是大中华区受惠。因此，华人"投资大王"和"慈善大王"是李嘉诚的人生标签，而"跑路者"是强加于李嘉诚头上的帽子，是对李嘉诚的歪曲定性。

2. 提升中国的经济自由度

那么李嘉诚出售内地与香港不动产，几乎要将英国买下来，说明了什么问题？一是内地和香港不动产价格过高，超出其实际价值；二是欧洲和英国处于资产价格的洼地，价格低于实际价值；三是中国和欧洲的投资环境不同，经济自由度有差异。李嘉诚旗下公司从经济自由度历年排名第一的香港"迁册"至开曼群岛，也许反映了李嘉诚对香港社会稳定的担忧。

投资环境指投资主体在进行投资时所面临的影响投资活动的自然要素、政治要素、经济要素、法律要素和社会要素等的总称。它包含了对投资活动有影响的地理区位、自然资源、基础设施、原材料供应、市场化程度、竞争状况、人力资源、信息渠道、资金融通、纳税负担、社会服务、经济政策、法律法规、社会秩序、政治形势等条件和因素。

按投资环境要素的物质形态属性不同，分为投资的硬环境和软环境。硬环境是指具有物质形态的要素组合。软环境主要是指非物质形态的要素。

投资环境原来是相对于外国投资者而言的，投资环境不佳，外国投资者来得少，或者将原来的投资撤回或转移到其他国家或地区。但富人向国外移民，说明投资环境对本国的国民也有巨大的影响力。

外国投资者对中国的生产力成本、法律政策和知识产权保护等比较敏感。如果在上海或者香港租一间办公室比纽约还贵，如果缅甸的劳动力价格是中国南方的25%，投资者会转而选择东南亚国家、墨西哥甚至是返回投资国。

衡量投资环境的指标，是投资自由度。而投资自由度是经济自由度的重要组成部分。

经济自由度指数，是由《华尔街日报》和美国传统基金会发布的年度报告提出的，涵盖全球155个以上的国家和地区，是全球权威的经济自由度评价指标之一。经济自由度评价遵循的原理是，政府干预经济与经济自由度成反比。政府对经济的干涉水平越高，经济自由度越低。

美国传统基金会长期研究得出的结论是，具有较多经济自由度的国家与那些较少经济自由度的国家相比，会拥有较高的长期经济增长速度和社会更加繁荣的景象。

调查研究者按照10个因素给被考核国家或地区的经济自由度0～100的评分。得分越高，显示政府对经济的干预程度越低。这10个因素是：商业自由度、贸易自由度、财政自由度、政府支出、货币自由度、投资自由度、金融自由度、产权、腐败对经济影响的程度和劳工自由度。以10大因素得分进行计算平均，然后得出总分数。

考察经济自由度的10个因素，是从专业的角度详细划分的。实际上，10

个因素是相辅相成的，每一个因素都包含了投资自由度。从投资者的角度看，经济自由度就是投资自由度，没有实质性的区别。

一个经济体的自由度获得提升，会获得投资者的青睐，投资者更愿意到经济自由度高的地方投资。经济自由度越高，意味着未来的发展潜力越大。投资者在投资前会对投资环境进行考察，对比各个经济体的经济自由度情况，选择最终的投资目的地。

美国智库传统基金会公布 2015 年全球经济自由指数（2015 Index of Economic Freedom），在 186 个国家和地区中，中国香港的平均分为 89.6，自传统基金会 1995 年开始评估以来连续 21 年位居第一，10 项自由指标得分都很高，只有腐败状况得分较低为 75 分。排名前五位的国家和地区分别是中国香港、新加坡、新西兰、澳大利亚和瑞士。中国台湾经济自由指数为 75.1，排名第 14，台湾在过去 5 年中得分呈逐年上升趋势。我国大陆的分数为 52.7，排名第 139 位，在亚太 42 个国家和地区中排第 30 位。

权力不能任性，权力任性产生特权和腐败，特权和腐败限制经济自由度。资本喜欢经济自由度高的地方，经济自由有利于创造财富，经济自由限制特权和腐败。中国社会只要提升经济自由度，将权力关进宪法和法律的笼子里，就不需要担心资本是否跑路。

投资基金的新商机

自2004年6月1日起施行整整9年后，新修改的《中华人民共和国证券投资基金法》于2013年6月1日起施行。

与其他法律修改不同的是，《证券投资基金法》与其说是修改，倒不如说成是新的立法。新版《证券投资基金法》无论在理念上，还是在制度上，都属于凤凰涅槃，浴火重生。

在修改中，新《证券投资基金法》进行了多项重大的制度创新。新《证券投资基金法》实施后，各类市场主体创新发展空间进一步拓展，基金公司应在业务合规、风险可控的基础上创新发展。监管部门将进一步转变审核理念，积极支持行业创新。

在新法监管之下，行业将迎来新的机遇。

1. 投资基金垄断不再

证券是权益凭证的统称。所有的投资基金都是证券投资基金，因投资基金都有书面凭证。投资基金与证券投资基金没有本质区别。

旧版《证券投资基金法》第十三条第（三）项规定，设立基金管理公司的主要股东具有从事证券经营、证券投资咨询、信托资产管理或者其他金融资产管理的较好的经营业绩和良好的社会信誉，注册资本不低于3亿元人民币。

事实上，由于金融业一直由国有企业垄断，具备基金管理公司主要股东条件的几乎全部是国有金融企业，民营企业鲜有具备基金管理公司主要股东条件的。

这也就意味着，之前的《证券投资基金法》实际上限制甚至排斥了民营企业控股基金管理公司，从而阻碍了民营企业进入公募基金业，导致民营企业与国有企业不在一个公平竞争的平台上，是一种所有制歧视，违反了中国宪法规定的多种所有制经济共同发展的基本经济制度。

笔者认为，旧版《证券投资基金法》的弊端主要有两个：一是形成了国有金融企业的进一步垄断和近亲繁殖；二是制度上的不公平导致无法形成基金业的真正、充分竞争，这是公募基金巨亏10多年的最真实注脚。

旧版《证券投资基金法》因保护国有投资基金垄断而自相矛盾，其第十三条第（二）项规定，设立基金管理公司的条件是，注册资本不低于1亿元人民币，且必须为实缴货币资本。

但第十三条第（三）项又规定，主要股东具有从事证券经营、证券投资咨询、信托资产管理或者其他金融资产管理的较好的经营业绩和良好的社会信誉，最近三年没有违法记录，注册资本不低于3亿元人民币。

有了第十三条第（三）项的规定，相当于民营企业的1亿元真金白银与国有金融企业的1亿元不一样，民营企业的1亿元人民币没有国有金融企业的一亿元人民币管用。

笔者认为，该项规定违宪，对证券市场弊大于利，在为中国投资基金业帮倒忙。而此次新版《证券投资基金法》第十三条第（三）项规定取消了"注册资本不低于3亿元人民币"的规定。新版《证券投资基金法》第九十七条还规定，私募投资基金经核准，可以从事公募投资基金业务。

新版《证券投资基金法》的新颖之处还不止于此，新版增加了3章："第十章非公开募集基金""第十一章基金服务机构"和"第十二章基金行业协会"。新版《证券投资基金法》第一次将"私募投资基金"纳入法律的轨道，第一次将投资基金专业服务和行业协会管理纳入法律的轨道。

笔者认为，新版《证券投资基金法》已经将国有垄断公募投资基金的局面打破，体现了投资基金业的"顶层设计"改革，在投资基金业落实了《宪法》。

从此，中国只有公募基金和私募基金的区分，没有国有基金和民营基金的区别。民营资本有权从事公募基金，国有资本也可以做私募基金；投资基金打破了垄断，实现了自由和充分竞争。

2. 商机无限

通过立法改革投资基金行业，为中国经济转型奠定了坚实的法律制度基础，也为投资基金带来了无限商机。

首先，以往的投资基金都是"准基金"，新版《证券投资基金法》实施后设立的投资基金才是真正的投资基金。

以往的投资基金，按公司或合伙企业设立，仿照国外的投资基金运作方式运作。严格来说，这是公司或合伙企业经营投资基金资产，体现的是公司或合伙企业的本质和特点，不体现投资基金的本质和特点。

投资基金是一定的机构发起，募集投资者的资金，形成投资基金财产交给管理人管理，托管人托管，进行组合投资，以投资所得收益回报给投资者的一种投资方式。

投资基金具有的本质和特点是：投资基金是财产的集合，投资基金没有独立的民事权利，不能自己买卖股票或股权；投资基金体现信托关系，是外部管钱，不是内部管钱；投资基金是零税收，投资基金适用《证券投资基金法》；投资基金的杠杆率不受限制，一个注册资本1亿元的基金管理公司可以管理上千亿元、上万亿元的投资基金资产；投资基金可以直接上市交易。

其次，公募基金须经证监会注册；私募基金经行业协会登记备案。

没有经过备案的私募基金不能叫基金。备案的私募基金有可能得到政府投资基金。备案的私募基金可以享受减免税。备案的私募基金有可能得到社保投资基金。私募基金投资范围不受限制，所有的市场均可以投资。

最后，私募基金管理机构，经证监会核准，可以从事公募基金业务。

不管是国有资本，还是民营资本，做公募基金都有3个途径：①直接设立公募基金管理机构；②对公募基金管理主体收购、兼并；③私募基金经核准，做公募基金。

新版《证券投资基金法》第一次以法律的形式理清了私募基金与"非法集资"的界限。私募基金应当向累计不超过200人的合格投资者募集。而合格投资者，是指达到规定资产规模或者收入水平，并且具备相应的风险识别能力和风险承担能力、其基金份额认购金额不低于规定限额的法人和自然人。

笔者认为，获得制度保障商机的投资基金，经历近几年的低迷和优胜劣汰之后，会像新版《证券投资基金法》一样，获得新生。

与此同时，私募基金将会摆脱"非法集资"的形象；公募基金有望告别长期亏损和王亚伟辞职这样的"人财两空魔咒"；中国基金业过去存在的资源错配问题得以解决。投资基金从此将进入不存在制度性垄断的自由竞争市场。

中国投资自由度何时升温

2013年年底，中国投资现状有好、坏两个消息。

好消息是，中国身家10亿美元以上的超级富豪人数超过了美国，居世界第一。坏消息是，中国有74%的富人已经或正在考虑移民，首选国家是美国。

不管我们是先听好消息，还是先听坏消息，中国的投资自由度都出了问题。该问题会倒逼出什么样的改革呢？

1. 摸清投资环境的家底

2013年年初，兴业银行与胡润研究院联合发布《2012中国高净值人群消费需求白皮书》，其中得出结论：以人民币计，中国资产过千万元的富人达到270万人，其中亿元资产以上的富豪6.35万人。在胡润2013全球富豪榜上，中国资产超10亿美元的超级富豪数量达到212人，美国为211人，中国一举超越了美国，成为10亿美元富豪全球最多的国家。

贝恩公司和招商银行的研究报告表明，中国有27%的富人已经移民，另有47%的富人正在考虑移民。富人高达74%的移民倾向比例，又是一个不怎么美妙的世界第一。这让人不得不关注中国的投资环境。

中国的投资者对贫富分化、法律风险、子女教育、税赋负担、食品安全和环境恶化等比较关注，这些因素导致以富裕阶层和知识精英为主的群体，形成"海外移民潮"。

人们对中国投资环境的看法争议很大，外国或境外投资者最看重中国庞大的市场，而中国国民最厌恶贫富分化。富人不希望生活在被贫穷的汪洋大海包围的孤岛上，这样的孤岛让富人对安全感十分焦虑。

贫富分化在国际上用基尼系数来衡量。基尼系数是综合考察居民收入分配差异状况的一个重要分析指标，数值在0～1。基尼系数保持在0.2～0.4比较合理，低于0.2说明社会动力不足，高于0.4表明社会不安定。经济学家们通常把0.4作为收入分配差距的"警戒线"。发达国家的基尼系数大都在0.24～0.36。

2012年12月9日，西南财经大学中国家庭金融调查报告显示，2010年中国家庭的基尼系数为0.61，其中城镇家庭内部的基尼系数为0.56，农村家庭内部的基尼系数为0.60，大大高于0.44的全球平均水平。

该报告得出结论："当前中国的家庭收入差距巨大，世所少见。"2013年1月18日，国家统计局公布了多年不公布的全国居民收入基尼系数：2003年中国基尼系数是0.479，2010年为0.481，2012年是0.474，全部高于0.4的"警戒线"。贫富分化也许就是中国投资环境家底的"魔鬼细节"。

GDP和居民收入增长数据的对比，可以证实贫富分化的"魔鬼细节"。根据国家统计局每年对十几万户居民家庭的直接调查结果，从1978年到2012年，扣除物价上涨因素后，全国城镇居民人均可支配收入实际增长10.5倍，年均实际增长7.4%；全国农村居民人均纯收入实际增长10.8倍，年均实际增长7.5%。中国改革开放三十多年来，GDP增长67倍，但国民收入的增长远远落后于GDP的增长，只增长了不到11倍。

2. 政府主导投资是问题所在

衡量投资环境的指标，是投资自由度，而投资自由度是经济自由度的重要组成部分。

经济自由度指数，是由《华尔街日报》和美国传统基金会发布的年度报告给出的，涵盖全球155个以上的国家和地区，是全球权威的经济自由度评价指标之一。经济自由度评价遵循的原理是，政府干预经济的水平与经济自由度成反比。政府对经济的干涉水平越高，经济自由度越低。

美国传统基金会长期研究得出的结论是，具有较高经济自由度的国家与那些具有较低经济自由度的国家相比，会拥有较高的长期经济增长速度和社会更加繁荣的景象。

调查研究者按照10个因素给被考核国家或地区的经济自由度0～100的评分。得分越高，显示政府对经济的干预程度越低。这10个因素是：商业自由度、贸易自由度、财政自由度、政府支出、货币自由度、投资自由度、金融自由度、产权、腐败对经济的影响程度和劳工自由度。把10个因素得分进行平均,然后得出总分数。

考察经济自由度的10个因素,是从专业的角度详细划分的。实际上,10个因素是相辅相成的,每一个因素都包含了投资自由度。从投资者的角度看,经济自由度就是投资自由度,没有实质性的区别。

一个经济体的自由度获得提升,会获得投资者的青睐,投资者更愿意到经济自由度高的地方投资。经济自由度越高,意味着未来的发展潜力越大。投资者在投资前会对投资环境进行考察,对比各个经济体的经济自由度情况,选择最终的投资目的地。

根据美国传统基金会的报告,2007年在全球165个国家和地区的经济自由度指数排名中,印度居于第115名,属于比较不自由的经济体,而中国内地排名第126名,与印度相差11位。在2010年经济自由度指数排名中,中国内地排在170多个国家和地区中的第140位。中国内地2012年的全球排名为第136位。

2010年时中国香港以89.7的经济自由度指数获得第一名,连续16年名列榜首。2012年中国香港连续18年在经济自由度上蝉联榜首。

为什么中国内地与中国香港的经济自由度相差悬殊?中国内地与中国香港经济体系最大的不同是,中国香港由市场主导投资,而中国内地由政府主导投资。

按投资主体区分,在中国的投资分为外商资本投资、国有资本投资和民间资本投资3类。这3类投资都由政府制定差异化的产业政策,不同的投资主体享受不同的政策优惠,不同的投资主体有不同的行业门槛,投资主体难以获得投资自由度。这是中国政府主导投资的第一个经济现象。

中国政府主导投资的第二个经济现象是,政府直接投资。政府直接投资形成国有企业,国有企业占据着垄断行业。政府直接投资导致的弊端:一是政府既是裁判员,又是运动员,导致市场规则不公平;二是国有企业占据着垄断行业,造成市场主体不正当竞争,市场竞争不自由、不充分;三是国有企业效率低下,拖累了国民经济的整体效益,致使经济结构不合理。政府直接投资损害了投资自由度。

3. 法治提升中国投资自由度

自2010年中国GDP超过日本后，中国成为世界第二大经济体，但中国的经济自由度或投资自由度排名历来靠后，这与中国的整体经济实力严重不相称。如何提升中国的投资自由度？中国何时实现投资自由度与经济实力相协调？

烧开水或者让水达到沸点，与提升投资自由度有异曲同工之妙。烧开水的科学原理很简单：同等数量的水要烧开，燃料越好，越快达到沸点；在燃料不变的情况下，气压越低，也越快达到沸点。

如果我们把硬环境比作投资自由度的燃料，那么软环境就是投资自由度的气压。全世界的经济学家和市场分析人士都认为，在港口、公路、民航、电力、通信、市政建设等投资硬环境方面，中国不比发达国家差多少，但中国的投资软环境有很大的改善空间。

改善投资软环境的核心是实行法治。只要实行法治，投资者有稳定的预期，就能减轻投资主体的压力，从而逐步提升中国的投资自由度。中国香港连续18年在经济自由度上蝉联榜首，得益于香港在世界上名列前茅的法治水准。

在中国实行法治，执政党、政府、司法界和市场早就达成了共识。在是否实行法治上已经没有分歧，中国构建了较为完整的法律体系。没有人对实行法治有异议，为什么中国的法治水准仍处于青春期？概因有的政府部门、地方政府和一些官员把法律当作自己的工具，没有把法律当作目的和信仰去追求，只有在有助于其达到目的时才运用法律，其他时间不是把法律束之高阁，就是另搞一套，没有把法律的价值充分体现出来。

法律的价值对投资自由度的影响是显而易见的。以信用证规则的法律适用为例，牟其中信用证诈骗案发生后，陆续出现了一系列信用证诈骗错案。自2006年1月1日起施行《最高人民法院关于审理信用证纠纷案件若干问题的规定》后，再也没有在新闻媒体上看到企业家被错判"信用证诈骗罪"的报道。

2013年10月25日，李克强总理主持召开国务院常务会议，部署推进公司注册资本登记制度改革，降低创业成本，保障创业权利，取消有限责任公司最低注册资本3万元、一人有限责任公司最低注册资本10万元、股份有限公司最低注册资本500万元的限制。该政策变成法律后，鲜有企业家会再犯"虚报注册资本罪""虚假出资和抽逃出资罪"。如果法律减轻了投资者的出资压力，就提升了中国社会创办企业的投资自由度。

中国市场上争议很大的是包含"非法吸收公众存款罪"和"集资诈骗罪"两罪的所谓"非法集资"罪（《刑法》只规定了"非法吸收公众存款罪"和"集资诈骗罪"，并没有规定"非法集资"罪）。孙大午案、吴英案和曾成杰案，都是"非法集资"罪引起巨大争议的典型案例。如果中国出台《中华人民共和国投资促进法》和《中华人民共和国民间借贷法》，就可以避免发生沸沸扬扬的"非法集资"案，有助于提升中国的投资自由度。

中国的投资自由度与经济总量严重不匹配的问题，会倒逼产生法治改革。中国需要充分体现法律价值的法治改革。十八届三中全会《中共中央关于全面深化改革若干重大问题的决定》，要"市场在资源配置中起决定性作用"，要"推进法治中国建设"，对法治改革作出了回答。

中国开始法治改革的时候，也是中国投资自由度开始升温的时候。中国法治改革基本完成之日，就是将中国的投资自由度提升到与经济总量基本匹配之时。

投资自由度大了，富人移出中国境外还是移回中国境内都成了富人的私事，不再是社会现象，富人移民也不再是受人关注的热点新闻。

健康管理法治提上议事日程

2016年8月19日至20日，中国召开最高规格的全国卫生与健康大会，推进医药卫生体制改革。2016年8月26日，中央政治局审议通过"健康中国2030"规划。2016年8月29日至9月3日，十二届全国人大常委会第二十二次会议对《中华人民共和国中医药法（草案）》进行二审。健康管理产业将成为催生新首富的行业，健康管理法治应提上中国的议事日程。

1. 中医是世界文明成果

中医是中华民族最伟大的发明和发现。作为中华民族的瑰宝，中医对世界文明作出了重大贡献。

包括少数民族医药在内的中医药，都是中华文明的智慧结晶，在长期发展进程中吸纳、融会了中华民族优秀传统文化，蕴含着丰富的哲学思想和人文精神，是中国国学的重要组成部分。中医药文化不仅体现了中医药的本质与特色，而且是具有国际竞争力的中国文化软实力的重要体现。

中医讲究"医者父母心"，显示了以人为本、大医精诚的核心价值，体现了中华民族的认知方式和价值取向。中医还讲究"上医治未病"，具有超前性和先进性。防病比治病高明得多，受到世界各国和世界卫生组织（WHO）越来越多人的广泛认同。

中医药具有天地一体、天人合一、天地人和、和而不同的思想基础，以整体观、系统论、辨证论为指导原则。西医是局部医学，是分门别类的医学。如果将中医和西医做比较的话，可以总结为：西医是实验科学，中医是经验科学；西医是治人的病，中医是治病的人；西医在战争年代管用，中医在和平时代效果好。

尽管中西医并重是中国的基本国策，但事实上，在中国现行的医疗体制中，西医是主流，中医是边缘；在中医药里，中药居于主流地位，不打针、不吃药、不动手术、没有副作用或少副作用的中医外治法，是边缘。

从成本、风险和效果的角度讲，中医外治法因不用药、不动手术而成本低廉；因免于伤害性治疗，没有副作用或少副作用而对健康和生命的危害小；由于能够调动人的自我恢复能力，提高人的免疫力，没有副作用或少副作用，治疗起的作用都是正作用，疗效好；由于成本低、对人体没有伤害，既可以治疗疾病，也可以预防疾病。中医外治法的优越性，决定了它应当成为21世纪世界医学的主流。

食疗在中医中居于至关重要的地位。食疗在西方叫营养学，通过改善人的饮食结构、食物种类增进健康，是大有可为的疾病防治法，具有中医外治法所具备的成本低、没有副作用、效果好、可预防疾病的特点。如吃素对防范和治疗"三高"等慢性病有明显作用。

2. 中医药立法之路漫长

《中华人民共和国宪法》（以下简称《宪法》）第二十一条规定，发展现代医药和我国传统医药，保护人民健康。《宪法》为中医药发展提供了根本法律保障。2003年，国务院颁布了《中华人民共和国中医药条例》，中国有了专门的中医药行政法规。

2016年2月，国务院出台了《中医药发展战略规划纲要（2016—2030年）》，提出要改革中医医疗执业人员的资格准入、执业范围和执业管理制度，支持有资质的中医专业技术人员特别是名老中医开办中医门诊部、诊所，鼓励药品经营企业举办中医坐堂医诊所。

中国早在1983年就有对中医药进行立法的提议。中医药法迟迟没有出台，重要的原因在于中医药和西医药是两个不同的知识理论和方法体系。

中国正在发展市场经济，市场在资源配置中起决定性作用，在健康管理产业中，让中医和西医在市场上平等竞争，由市场决定中医和西医的作用、地位和发展方向，是避免中西医争议、建设健康中国的必由之路。用法律保障和监督中医药行为，是中医和西医在市场上平等竞争的迫切需要。

2015年12月底，全国人大常委会第十八次会议对《中华人民共和国中医药法（草案）》（以下简称《中医药法（草案）》）进行了初次审议。2016年8

月29日至9月3日，全国人大常委会对《中医药法（草案）》进行二审。全国人大法律委员会经研究，建议做以下修改：一是增加规定，中医医师资格考试的内容应当体现中医药特点；二是明确以师承方式学习中医或经多年实践医术确有专长的人员，参加省级中医药主管部门组织的考核，应当由至少两名中医医师推荐。

《中医药法》对发展传承几千年的中医，保护人民健康，推进健康中国建设，消除国民对健康、生命和医疗的偏见和误解，形成真正科学的健康和生命观，意义非凡。

《中医药法》立法需要解决3个重大问题：①中医药与西医药能够平等竞争，充分发挥市场在配置医疗资源中的决定性作用；②要处理好市场"无形之手"与政府"有形之手"的关系，充分调动社会力量参与，发展中医药健康养老、健康旅游等新兴健康管理产业，将中医药行业发展为国民经济重要支柱性行业；③中医在民间，要改革能防病治病的没有医师资质，而有医师资质的不会防病治病的体制，释放民间中医的潜能，增进人类健康福祉。

3. 走健康管理法治道路

以法治消除"医闹"现象为例，中国的法制工作者可以成为健康管理方面国家治理现代化的重要力量。

众所周知，中国的西医与西方的西医在医学原理上是相同的，但由于中国现行的"以药养医"体制，导致中国医院的平均用药量是西方医院的3倍，中国孕妇的剖宫产率达50%，而世界卫生组织倡导剖宫产率不应超过15%，出现了"诊疗过度"和"诊疗不足"并存的现象，看病难、看病贵、医源性疾病（俗称"把聋人治成哑巴"）成为中国医疗体制难以解决的问题。

医源性疾病和病人被不当治疗后维权渠道缺乏，其副产品和负资产就是"医闹"现象和杀医现象。"医闹"是违法犯罪行为，杀医是严重犯罪行为，自然要受到法律的惩罚。但要从根本上消除"医闹"现象和杀医现象，就要大大减少医源性疾病，解决病人被不当治疗后的权利救济问题。

大大减少医源性疾病，在于法制工作者推动和参与医疗体制改革。医疗体制改革的关键，第一是要落实中西医并重的国策，让副作用小、成本低、效果好、擅长治疗慢性疑难杂症的中医与西医平等竞争；第二是要消除国有医院集体垄断，加强医院之间的自由竞争。

解决病人被不当治疗后的权利救济问题，一是法制工作者推动和参与立法，监督医生的过度诊断和过度医疗问题，让掌握患者健康和生命生杀大权的医生接受法律监督，就像流行音乐天王迈克尔·杰克逊因使用药物意外猝死，涉案的杰克逊私人医生莫里因过失杀人被判4年徒刑一样；二是法制工作者也作为第三方制定医患平等、诚实信用的医疗合同，抛弃医疗霸王条款，便于在医院有过错时患者向医院索赔；三是法制工作者代理医患维权和维稳。

王宝强离婚案推进财富管理法治

2016年8月15日，影星王宝强向北京市朝阳区法院起诉离婚，并要求分割价值亿元的财产，引起全民关注，风头一时盖过里约奥运会。而王宝强离婚案引发全民对财富管理的重视，客观上推进了中国财富管理法治。

1. 财富管理普遍有法不依

王宝强离婚案发生后，业内专业人士通过新闻媒体给王宝强当事后诸葛亮：如果王宝强在婚前做好信托、保险、婚前财产协议等系统财富管理规划，婚后再与马蓉签订婚内财产合同，离婚时马蓉就会净身出户，王宝强就不会吃亏，起码不至于到离婚诉讼费都要借款的地步。

王宝强离婚时可以让马蓉净身出户是有法律依据的。《信托法》第十五条规定，信托财产与委托人未设立信托的其他财产相区别；第十七条规定，对信托财产不得强制执行。如果王宝强将婚前财产设立信托且不将马蓉列为信托受益人，再将信托财产投资成经营管理王宝强演艺事业的公司，公司每年向信托财产分红，就可以将王宝强婚前婚后的收益绝大部分吸纳在信托财产中，王宝强的婚后收益也无法变成夫妻共同财产。

《保险法》第二十三条规定，任何单位和个人不得非法干预保险人履行赔偿或者给付保险金的义务，也不得限制被保险人或者受益人取得保险金的权利。如果王宝强购买自己为被保险人和唯一受益人的人寿保险，该保险财产在离婚时不得被分割。

《合同法》第八条规定："依法成立的合同，对当事人具有法律约束力。当事人应当按照约定履行自己的义务，不得擅自变更或者解除合同。依法成立的合同，受法律保护。"如果王宝强与马蓉签订婚前财产合同，王宝强的婚前财产一直是个人财产，不能形成夫妻共同财产。如果马蓉同意签订婚后或婚内财产合同，约定王宝强婚后的收入是王宝强的个人财产，王宝强的婚后财产也不能形成夫妻共同财产。

即使王宝强事先什么都没有做，王宝强起诉离婚后仍然有机会让马蓉净身出户：一是依据证据和《中华人民共和国婚姻法》（以下简称《婚姻法》）的相关规定，判决马蓉不分夫妻共同财产；二是马蓉愿意净身出户能得到《婚姻法》的认可。《信托法》《保险法》《合同法》和《婚姻法》为什么包含离婚时可以净身出户的规定？本质上婚姻是人与人结婚，不是人与财产结婚。

不仅王宝强没有依据法律规定采取行动让马蓉净身出户，绝大多数地球人都没有让另一半净身出户，财富管理普遍有法不依。即使传媒大亨默多克设置了信托财产保护，第三任妻子邓文迪离婚时仍然获得两套房产，并让两个女儿成为870万美元基金的受益人，这对默多克的财产来说占比不高，但对普通人来说仍然是天文数字。

财富管理普遍有法不依的原因在于，人是有感情的，即使没有爱情，也有亲情和友情。更深层次的原因在于，人是社会动物，人要保障别人的生存权和发展权，自己才能有生存权和发展权。

2. 并非信托公司才能做信托

由于婚前和婚内财产合同需要夫妻另一方签名而导致伤感情，保险财产占财产总额的比例不能高，信托应当成为财富管理的重要金融工具。

在法律上，信托指委托人基于对受托人的信任，将其财产权委托给受托人，由受托人按委托人的意愿以自己的名义，为受益人的利益或者特定目的，进行管理或者处分的行为。

《信托法》第二十五条规定："受托人应当遵守信托文件的规定，为受益人的最大利益处理信托事务。受托人管理信托财产，必须恪尽职守，履行诚实、信用、谨慎、有效管理的义务。"实际上，委托人对受托人的信任，包括"高信誉、强能力"两个方面，二者缺一不可：一是"受人之托，忠人之事"，受托人必须有很高的信誉；二是受托人必须有管理或者处分信托财产的很强的能力。

《信托法》第二十四条规定："受托人应当是具有完全民事行为能力的自然人、法人。法律、行政法规对受托人的条件另有规定的，从其规定。"除法律和国务院行政法规另有规定外，具有完全民事行为能力的自然人、法人都可以做信托，并不限于有金融牌照的信托公司。

具有完全民事行为能力的自然人、法人，只要符合高信誉、强能力的条件，委托人都有权委托其处理信托财产。可以受托处理信托财产的自然人、法人有："高信誉、强能力"的个人、商业银行、信托公司、律师事务所、会计师事务所、第三方财富管理机构、家族办公室、慈善公益基金等。

由于有金融牌照的商业银行和信托公司受托的门槛比较高，大都要求千万资产以上的现金，因此，商业银行和信托公司的信托事务适用于高净值人群。"高信誉、强能力"的个人、律师事务所、会计师事务所、第三方财富管理机构、家族办公室、慈善公益基金等，便会成为千万元以下现金和动产、不动产的信托财产管理者。

3. 运用信托法治管理财富

运用信托法治管理财富，源于信托法律制度具有破产隔离的功能。一旦设立了信托，信托的事务就是独立的，包括信托财产的处理、受益人的确定、信托的终止和清算等事宜，根据信托合同约定和法律规定进行，不受其他因素影响。除了委托人和受益人外，任何人无法接触信托财产，更不能处分信托财产。

信托的主体是委托人和受托人。《信托法》第十九条规定："委托人应当是具有完全民事行为能力的自然人、法人或者依法成立的其他组织。"信托委托人只有具有完全民事行为能力一个条件，否则，信托无效。信托受托人的条件要高得多，是"高信誉、强能力"的具有完全民事行为能力的自然人、法人。

设立信托，委托人与受托人应当签订信托合同，明确约定信托的权利和义务：①信托目的是什么；②委托人、受托人的姓名或者名称、住所；③受益人或者受益人范围；④信托财产的范围、种类及状况；⑤受益人取得信托利益的形式、方法；⑥信托期限；⑦受托人的禁忌事项；⑧信托财产的管理方法；⑨受托人的报酬；⑩信托变更、终止事由等。

《信托法》第十三条规定："设立遗嘱信托，应当遵守《中华人民共和国继承法》关于遗嘱的规定。遗嘱指定的人拒绝或者无能力担任受托人的，由受益人另行选任受托人；受益人为无民事行为能力人或者限制民事行为能力人的，依法由其监护人代行选任。遗嘱对选任受托人另有规定的，从其规定。"遗嘱信托不得违背《中华人民共和国继承法》的规定。

《信托法》第十六条规定："信托财产与属于受托人所有的财产（以下简称固有财产）相区别，不得归入受托人的固有财产或者成为固有财产的一部分。受托人死亡或者依法解散、被依法撤销、被宣告破产而终止，信托财产不属于其遗产或者清算财产。"信托财产与受托人自有财产分开，应当是受托人的底线。

委托人参加集合资金信托计划，必须委托信托公司。根据《信托公司管理办法》第二条规定，信托公司是依照《公司法》和《信托公司管理办法》设立的主要经营信托业务的金融机构。信托业务是指信托公司以营业和收取报酬为目的，以受托人身份承诺信托和处理信托事务的经营行为。

根据《信托公司集合资金信托计划管理办法》第二条规定，集合资金信托计划由信托公司担任受托人，按照委托人意愿，为受益人的利益，将两个以上（含两个）委托人交付的资金进行集中管理、运用或处分。

委托人利用信托进行境外投资理财，必须委托信托公司。根据《信托公司受托境外理财业务管理暂行办法》规定，受托境外理财业务，是指境内机构或居民个人将合法所有的资金委托给信托公司设立信托，信托公司以自己的名义按照信托文件约定的方式在境外进行规定的金融产品投资和资产管理的经营活动，投资收益与风险按照法律法规规定和信托文件约定由相关当事人承担。

中国何时出产巴菲特式的股神

从2014年年底开始，中国大陆股市进入牛市，各地冒出形形色色的"股神"，但当股市由牛市转入熊市时，这些"股神"又会像以往一样被打回原形。中国何时出产巴菲特式的股神，书写股神不老的传奇？这关乎着中国梦。

1. 巴菲特成为美国梦的象征

每年的5月初，成千上万来自世界各地的投资者或对投资感兴趣的人，来到美国内布拉斯加州的"大城市"奥马哈，与其说是参加伯克希尔·哈撒韦公司的股东大会，倒不如说是来朝圣"股神"沃伦·巴菲特和"股神"的副手——律师出身的查理·芒格。

2015年的伯克希尔·哈撒韦公司股东大会，正值巴菲特执掌伯克希尔公司50周年，有超过4万人报名，盛况空前。世界各地的投资者前来目睹85岁的巴菲特和91岁的芒格活力四射的风采，回顾过去50年伯克希尔·哈撒韦公司辉煌的历史，展望伯克希尔·哈撒韦公司未来50年能否成为百年老店。

1962年12月12日，巴菲特第一次购买了伯克希尔·哈撒韦的股票，数额是2000股，每股7.5美元。1965年5月，伯克希尔·哈撒韦公司召开董事会，选举巴菲特担任董事会主席，此时公司股价每股19美元。伯克希尔·哈撒韦2014年净财富增加183亿美元。到2014年12月31日，伯克希尔·哈撒韦的股票价值按复利计算每年增长19.4%。至2015年4月30日，伯克希尔·哈撒韦A股的股价已达每股21.32万美元。自巴菲特执掌伯克希尔·哈撒韦始，其股票价值由每股19美元增长至2015年4月30日的21.32万美元，相差11221倍。

神一般的投资业绩，造就了股神，让巴菲特成为价值投资的图腾。基于价值来选择股票，购买的是企业而非股票。价值投资的功夫，是寻找和评估企业整体的价值与代表该企业一小部分权益的股票市场价格之间的差异。价值大大超出价格，就会形成安全边际。价值投资往往表现为"在别人恐惧的时候贪婪，在别人贪婪的时候恐惧"。

价值投资既不复杂，也不神秘。巴菲特认为，格雷厄姆和多德在1934年合写出《证券分析》一书时，价值投资的理论和原理就公之于众了。

巴菲特认为价值投资不仅适用于美国、适用于发达市场，也适用于中国和发展中市场经济。看来，价值投资具有普世性，拿巴菲特的话说，价值投资是无国界的。

巴菲特白手起家，靠投资并购成为近些年来的世界第二富翁。2008年，巴菲特的个人财富达到620亿美元，成为当年的世界首富。虽然价值投资具有普世性，但全世界只有一个股神，因此，股神巴菲特成为美国梦的一个象征。

差一点成为美国总统的美国前国务卿希拉里·克林顿认为："这个国家会给你公平的竞争环境，无论你是总统的孙子还是门卫的孙子，也无论你出生在城市还是出生在乡村，无论你是谁，你都有权继承美国梦。"按希拉里的逻辑，巴菲特成为美国梦的象征，一是有公平竞争的环境，二是公平竞争的环境能够持续。

2. 出产巴菲特式股神的条件

如果中国的阶层固化，阶层之间没有流动的渠道，中国停留在"龙生龙，凤生凤，老鼠生仔会打洞"的状态中止步不前，中国就不可能出产巴菲特式股神。中国梦与美国梦是相通的，根据中国国情，中国要出产巴菲特式股神，首先要实现公平正义的中国梦，而且使公平正义的环境能够持续下去。

中国要出产巴菲特式股神，要有和平的国际环境，起码不能发生战乱。中国改革开放30多年来正是在和平的环境下，取得了世界瞩目的创造财富的巨大成就。发生战乱的乌克兰是2014年里财富缩水最严重的国家，俄罗斯人财富减少与乌克兰局势有直接关系，把武力放在第一位的朝鲜是世界上贫穷的国家之一。

要有企业和股票市场产生的市场经济，才能出产巴菲特式股神。股神产生于市场经济之中，而不是计划经济之中。中国搞计划经济时，连温饱问题都解决不了，不会产生富翁。如果没有股票市场，就无从产生巴菲特式股神。

　　有了市场经济，没有法治保障机制，产权得不到保护，市场秩序混乱，股票市场可以随意操纵股价和内幕交易，既不会产生富翁，也不会产生股神。因此，法治是出产巴菲特式股神的必要条件。

　　没有美国长期牛市的支撑，巴菲特无法收获股票投资高收益，但美国的长期牛市是市场自然调节的结果，美国既发生过股灾，又出现过股市泡沫。如果政府想把中国的证券市场规划或操作为"慢牛"，结果会适得其反，既不可能稳定证券市场，又不可能出产巴菲特式股神。

　　巴菲特研究专家史蒂夫·乔丹认为，巴菲特的成功之道在于专注。巴菲特本来可以在纽约继续他的投资生涯，但他选择回到偏僻落后的家乡奥马哈，远离纽约的浮躁和噪声，独立思考、自己阅读、不断学习，几十年如一日，保持对自己钟爱的投资事业的专注。然而，有一夜暴富心态的中国人，由于没有专注度而不能成为巴菲特式股神。

　　短线操作无法产生巴菲特式股神。虽然价值投资不等于长期投资，但短线操作肯定不是价值投资，因为只有上帝才能判断出股票短期的涨跌，且短线操作产生高昂的交易税费，不符合价值投资的原则。

　　只关心赚钱之术，不关心赚钱之道，不能产生巴菲特式股神。巴菲特做的事，并不是为了赚钱而购买和出售股票，而是发现企业的价值，输入资本，扶植和支持企业，帮助企业挖掘潜力，实现企业的持续稳健经营，创造经济效益和社会效益。

　　要产生巴菲特式股神，中国的投资家和企业要有伟大的人生境界。巴菲特捐献了99%的财产做慈善，用财富帮助人类社会。巴菲特认为，人生的成功不是金钱和权力，而是幸福和爱。巴菲特曾在佐治亚理工大学演讲时说道："如果你发现没有人对自己有好感，无论你的银行账户上有多大数目的存款，你的生活依然是不幸的。付出的爱越多，得到的爱才会越多。"

　　尽管价值投资无国界，但只有美国的环境才能产生股神巴菲特，从而成为美国梦的象征。由于中国与美国国情差异很大，中国出产巴菲特式股神比遇见黑天鹅还难。中国本来就不必出产巴菲特式的股神，中国完全可以出产中国式的巴菲特。

第五章

企业治理与管理法治不一般

新三板的新使命

2013年12月13日，国务院通过了《关于全国中小企业股份转让系统有关问题的决定》。中国证监会迅速反应，于2013年12月16日向社会公布了《非上市公众公司监督管理办法》修改稿，并公开征求修改意见。

国务院行政法规的出台和证监会行政规章的修订，意味着新三板由"摸着石头过河"，转型为"从桥上过河"，合格投资者将会获得新的投资机会，资本市场一时"喜大普奔"（"喜闻乐见、大快人心、普天同庆、奔走相告"的缩略网络用语）。

新三板由试点到普及，能够释放多少制度红利？新三板将被中国经济赋予什么样的新使命？这些问题都需要时间和实践作出回答。

1. 新三板的前世今生

新三板是与三板相比较而言的。三板市场由原STAQ系统（全国证券交易自动报价系统）、NET系统挂牌公司和退市公司组成。

1990年12月5日，STAQ系统正式开始运行。STAQ系统是一个基于计算机网络进行有价证券交易的综合性场外交易市场。1992年7月1日，在STAQ系统开创了法人股流通市场。

1993年4月28日，由中国人民银行批准投入试运行NET系统，该系统利用覆盖全国100多个城市的卫星数据通信网络连接起来的计算机网络系统，为证券市场提供证券的集中交易及报价、清算、交割、登记、托管、咨询等服务。凡具备法人资格且能出具有效证明的境内企业、事业单位以及民政部门批准成立的社会团体，均可用其依法可支配的资金，通过一个NET系统证券商的代理，参与法人股交易。

中国逐步形成了上海、深圳两个证券交易所和STAQ、NET两个计算机网络构成的"两所两网"的证券交易市场格局。由于市场不成熟和体制不健全等方面的原因，STAQ和NET两个交易系统日益萎缩。

2001年7月16日，中国证券业协会正式开办"代办股份转让系统"，即三板市场。三板市场规模很小，股票来源基本是原STAQ和NET系统挂牌的不具备上市条件的公司和从沪、深股市退市的公司。由于三板市场挂牌的股票品种少、质量低，再次转到主板上市难度大，三板市场长期被投资者冷落。

2006年1月，为了给更多高科技、成长型企业提供股份流动的机会，同时改变中国资本市场柜台交易落后的局面，北京中关村科技园区建立了非上市股份公司股份报价转让系统。该系统为了与三板区别而被称为新三板，是国内证券交易所主板、中小板及创业板市场的补充。

2006年10月25日，中科软和北京时代正式公告定向增资，这标志着新三板正式打开了融资的大门。之后，新三板的定向增发每年新增加一两家企业。

2009年年底，管理层总结了新三板试点期间的做法，确定了定向增发的三原则：新老股东双赢、增资数额根据公司发展需要确定、由券商把关。

2010年，与创业板"高发行价、高市盈率、高超募额"的三高火爆局面如影随形的是，新三板定向增发迎来井喷。

2012年8月4日，中国证监会宣布，经国务院批准，决定扩大非上市股份转让试点。除北京中关村科技园区外，新三板试点扩容至上海、武汉和天津的开发区。

国务院《关于全国中小企业股份转让系统有关问题的决定》出台，宣告新三板试点结束，新三板进入全国普及的新时代，新三板由边缘成为主流。新三板被行政法规正式命名为"全国中小企业股份转让系统"。

新三板是经国务院批准，依据证券法设立的全国性证券交易场所，主要为创新型、创业型、成长型中小微企业发展服务。中国大陆符合条件的股份公司均可通过主办券商申请在全国股份转让系统挂牌，公开转让股份，进行股权融资、债权融资、资产重组等。

2. 重建中国资本市场

每个国家健康的资本市场应当是多层次的，以适应不同规模的企业上市融资、规范发展和分散风险。

但中国已经建立的资本市场层次是同质化的：主板与中小板类似，中小板与创业板雷同。更严重的是，中国的资本市场为国有企业脱贫解困而生，沦为"政策市"和"圈钱市"，与资本市场的公平、正义原则背道而驰，导致资源错配，甚至被一些专家形容为"赌场"或"赌场不如"，失去了国民经济"晴雨表"的功能。

中国资本市场要走出"圈钱市"的恶性循环，发挥国民经济"晴雨表"的功能，就要对资本市场制度进行深刻的改革，重新建构中国资本市场，由市场配置资本资源。新三板的普及就是重建中国资本市场的一次尝试。

新三板定位于缓解中小微企业融资难。广大中小微企业虽为草根企业，却深深扎根于市场经济之中，具有真正的市场竞争力和生命活力，完全可以成为构筑中国资本市场金字塔的坚实塔基，有利于防止中国资本市场成为只为大企业圈钱的空中楼阁。

根据《中华人民共和国中小企业促进法》和《国务院关于进一步促进中小企业发展的若干意见》的有关规定，中小企业划分为中型、小型、微型三种类型，具体标准根据企业从业人员、营业收入、资产总额等指标，结合行业特点而定。

据统计，截至2016年三季度末，中国有中小企业4200万户，占全国企业总数的99%，贡献了国内生产总值的60%，上缴利税占比超过50%，提供了80%以上的城镇就业岗位，完成了中国80%以上的新产品开发。中小企业已成为推动国民经济增长的主要力量。

因此，新三板成为中国资本市场的塔基，实至名归。新三板与中小企业在中国经济中的地位和现状相适应。为中小微企业服务，是新三板派发的第一个制度红利。

根据国务院《关于全国中小企业股份转让系统有关问题的决定》第一条规定，新三板可以公开转让股份，可以进行股权融资和债权融资。具有融资功能，给予中小微企业价值发现的机会，当属新三板释放的第二个制度红利。

根据国务院《关于全国中小企业股份转让系统有关问题的决定》第二条规定，在新三板挂牌的公司，达到股票上市条件的，可以直接向证券交易所申请上市交易。在新三板挂牌的公司，有由丑小鸭变成白天鹅的机会，有望在资本市场实现"中国梦"。打通上市通道，是新三板派发的第三个制度红利。

新三板普及以后，企业有三条上市道路可供选择：IPO（首次公开募股）、借壳（并购）上市、把新三板作为跳板上市。新三板增加了中小微企业发展的自由度。

新三板的三个制度红利一旦兑现，就会给资本市场主体带来投资机会和商业机会。中小微企业自然是融资受益者，也可以成为投资受益者；主要的投资受益者包括证券公司、保险公司、证券投资基金、私募股权投资基金、风险投资基金、合格境外机构投资者、企业年金等机构投资者，以及具有风险识别能力和承受能力的自然人合格投资者；中介受益者包括会计师事务所、律师事务所、评估机构和经纪机构等。

中国一直存在"民间资本多，投资难；中小企业多，融资难"的问题，即"两多两难"问题。新三板普及以后，就成为解决"两多两难"问题的有效平台。

最重要的是，新三板普及以后，成了全国统一的投融资大市场，新三板试点期间规模和流动性偏小的问题得以解决。

在新三板挂牌的中小微企业数量急剧上升以后，中国资本市场的"金字塔"就建立起来了，塔基变得非常坚实雄厚，形成以新三板、地方性股权交易中心为基础，中小板、创业板为中间阶层，主板为最高层的多层次资本市场体系。

原来，新三板的新使命，是重建中国资本市场，实现金融的公平正义。

新三板的成功寄望于法治

伴随着新三板挂牌门槛的降低，越来越多的企业开始寄望于在这个市场上一试身手，以融得资金实现快速成长的抱负，新三板一时间成为炙手可热的题材。但憧憬和热情并不必然带来成功，新三板未来的成败不会取决于人们对此有多少热望，而是取决于新三板能否实现法治。

先让我们回到新三板的初衷。在中国证券市场上，一板市场通常指主板市场（含中小板），二板市场指创业板市场，三板市场包括老三板市场和新三板市场。老三板是 2001 年 7 月 16 日成立的"代办股份转让系统"。新三板则是在老三板的基础上产生的中关村科技园区非上市股份公司股份报价转让系统，扩容到全国后，成为"全国中小企业股份转让系统"。

1. 新三板就是京交所

全国中小企业股份转让系统（新三板）是经国务院批准设立的全国性证券交易场所，由全国中小企业股份转让系统有限责任公司运作。公司注册资本 30 亿元，由上海证券交易所、深圳证券交易所、中国证券登记结算有限责任公司、上海期货交易所、中国金融期货交易所、郑州商品交易所、大连商品交易所 7 个股东发起设立，注册于北京市金融街。公司的主要经营范围是：组织安排非上市股份公司股份的公开转让，为非上市股份公司融资、并购等相关业务提供服务。

新三板是依据《公司法》和《证券法》设立的全国性证券交易场所，主要为创新型、创业型、成长型中小微企业的发展服务，昔日的新三板由地方性股权交易平台蜕变为第三家全国性股权交易平台。深圳证券交易所是以珠三角为腹地的全国性证券交易市场，简称"深交所"；上海证券交易所是位于长三角的全国性证券交易市场，简称"上交所"；新三板是以京津冀为背景的全国性证券交易市场，因住所地在北京，可以简称为"京交所"。北京打破了中国证券交易市场"沪深独大"局面，形成了深圳、上海、北京"三足鼎立"的竞争新格局。

2013年12月14日，国务院《关于全国中小企业股份转让系统有关问题的决定》发布，新三板成为继深圳证券交易所、上海证券交易所之后的第三家全国性证券交易场所，在场所性质和法律定位上，新三板与证券交易市场是相同的，都是多层次资本市场体系的重要组成部分。为鼓励投资者长期投资，对新三板投资者按照持股时间长短分别执行20%、10%、5%三档税率缴纳股息红利所得税。新三板证券交易印花税单边征税，证券出让方按1‰税率征收，对证券受让方不征税。

截至2015年7月23日，新三板挂牌企业总数为2837家，超越沪深两市上市企业总数，总股本达到1426.61亿股，流通股有532.46亿股，名副其实地成为多层次资本市场建设的基石，并朝"中国版纳斯达克"迈进。

2. 新三板具有特殊性

虽然新三板贵为"京交所"，成为全国三大证券交易市场之一，但新三板有法律逻辑自相矛盾的地方。本来，新三板是证券交易市场，上了新三板的公司可以按照新三板的规则由投资者买卖其股份，上了新三板就是上市。但新三板经营的恰恰是"非上市股份公司"股份的交易，为"非上市股份公司"提供融资、并购服务。这就会产生一个逻辑问题，上了新三板的公司，究竟是上市了，还是没有上市。

产生"非上市公司"上市的原因，在于"非上市"指没有上一板市场和二板市场，而上一板市场和二板市场需要通过中国证监会审核。因此，造成新三板法律逻辑自相矛盾的实质原因是行政审批，只要修改《证券法》，将上市审核制改为上市注册制，一板市场和二板市场都实行注册制，就解决了新三板法律逻辑自相矛盾的问题。从这个角度来讲，新三板比一板市场和二板市场率先实行了注册制。

企业在新三板上市必须具备一定的条件：①依法设立且存续满两年的非上市股份公司。有限责任公司按原账面净资产值折股整体变更为股份有限公司的，存续时间可以从有限责任公司成立之日起计算。②主营业务突出，具有持续经营能力。③公司治理机制健全，合法规范经营。④新三板上市公司股权明晰，股份发行和转让行为合法合规。⑤主办券商推荐并持续督导。⑥新三板要求的其他条件。新三板上市条件，比一板市场和二板市场的上市条件明显要低。

新三板对投资者的要求比一板市场和二板市场严格。一板市场和二板市场的投资者结构以中小投资者为主，而新三板实行了较为严格的投资者适当性制度，未来的发展方向将是一个以机构投资者为主的市场，这类投资者普遍具有较强的风险识别与承受能力。

企业在新三板上市，相比一板市场和二板市场具有不少优越性：①可以得到资金扶持，企业可享受园区及政府补贴；②公司上市后可实施定向增发股份，提高公司信用等级，帮助企业更快融资；③企业的股票可以在新三板市场中以较高的价格进行流通，实现资产增值；④股东股份可以合法转让，提高股权流动性；⑤新三板上市成本较低，挂牌速度快；⑥可通过新三板上市，转板到二板市场或一板市场上市；⑦推动公司法人治理结构完善，促进公司规范发展；⑧获得新三板上市的宣传效应，有利于树立公司品牌，提高企业知名度。

3. 新三板何以实现法治

全国有4200多万家中小企业，这些企业无法在一板市场和二板市场上市融资，也难以获得商业银行的债权融资，新三板是广大中小企业的最大期待。新三板要像美国纳斯达克一样孵化出微软、苹果、Facebook、谷歌、亚马逊一样的公司，达到培育创新企业、培育创业投资者、培育真正的投行的目的，必须实行法制化，切忌将新三板变成赌场或连赌场都不如的地方。

新三板的法制化，首先要保障三大证券交易市场具有平等的法律地位。企业在一板市场和二板市场上市，与在新三板上市一样，都是上市，深交所、上交所和京交所才会有平等的法律地位。

新三板证券的增发、交易活动，必须体现公开、公平、公正的原则。对虚假披露、内幕交易、操纵市场等违法违规行为采取及时、适度的处罚措施。

虽然2015年7月23日，新三板挂牌企业总数超越了沪深两市上市企业数量总和，但新三板2015年7月23日的成交额仅为4.16亿元，这一数字约为当日沪深A股成交总额13980.4亿元的万分之三。要解决新三板经常陷入流动性陷阱的问题，就要统一合格投资者的标准。

按照《证券投资基金法》第八十八条规定，合格投资者是指达到规定资产规模或者收入水平，并且具备相应的风险识别能力和风险承担能力的单位和个人，合格投资者的具体标准由国务院证券监督管理机构规定。中国证监会规定的私募基金的合格投资者，要求个人投资于单只私募基金的金额不低于100万元，且个人金融资产不低于300万元或者最近三年年均收入不低于50万元。100万元的合格投资者投资起点，与新三板要求的500万元投资起点相去甚远。

根据民生证券的研究，目前新三板"协议＋做市"的交易制度存在明显的局限性：①国内券商牌照尚未放开，而且一级市场和二级市场严重分化，做市商利润被压缩，做市动力不足。②做市政策红利被滥用。正常情况下，做市盈利主要来自双向报价价差，但事实上却变成存量股权升值带来的资本利得。应当回归做市商的基本目的，既选择标的进行交易以赚取稳定价差，又让市场各方为市场提供充分的流动性。

引导新三板的投资者做长期投资和价值投资，避免赌博式的投机套利。纳斯达克流行一句俚语：Any company can be listed，but time will tell the tale（任何公司都能上市，但时间会证明一切）。只要申请上市的公司秉持诚信原则，挂牌上市是迟早的事，但时间与诚信将会决定公司能否成长，以及投资者能否获得投资价值。

截至2015年7月，纳斯达克总市值达到8万亿美元，共有上市公司2605家，上市公司平均市值30.7亿美元，市值前20的公司中，有9家为信息技术类企业，5家为医疗保健企业，4家非日常消费品类企业和2家日常消费品类企业，行业分布广泛。中国的纳斯达克有什么前景？新三板实现法治之日，就是新三板取得纳斯达克一样的成就之时。

为劳动合同法减负

法律可分为良法、劣法和恶法，《劳动合同法》无疑是"争议法"。从《劳动合同法》立法之前，到正式颁布和施行至今，一直处在争议之中。

有人为《劳动合同法》叫好，有人抨击《劳动合同法》，有人呼吁修改甚至废除《劳动合同法》，参与的人有经济学家、法学家、社会学家等各行各业的专家学者，有人大代表、政协委员、企业家、打工者，还有像财政部原部长楼继伟这样的政府官员。

各方都想通过《劳动合同法》实现自己的目标，目标一旦实现不了，《劳动合同法》就成了一口倾倒苦水的"黑锅"。现在到了正本清源，为《劳动合同法》减轻负担的时候。

1. 高成本非劳动合同法导致

对《劳动合同法》最重大的诟病，就是《劳动合同法》导致企业用工成本高，因而提高了企业的社会成本。企业股东担心，企业用工成本高到企业破产倒闭、劳动者失业，但最终受到损害的是劳动者，而《劳动合同法》的立法目的是保护劳动者，《劳动合同法》的社会效果与立法目的背道而驰。

中国经济进入新常态之后，中国企业尤其是没有垄断保护和资源倾斜的民营企业、中小企业难以盈利的原因是什么？笔者认为，主要是成本高。

民营企业的高成本，既体现在经济成本上，又体现在社会成本上。

办企业、开公司，不管是从事实体经济，还是搞虚拟经济，都要有生产经营场地或办公场所。生产经营场地或办公场所的成本高，民营企业的成本自然高。

生产经营场地或办公场所的成本取决于房地产价格，而中国的房地产价格之高，堪比发达国家和地区，不少地方出现了房地产泡沫。因此，房地产价格高是民营企业成本高的重要原因之一。

民营企业不管做生产经营，还是提供服务，都要使用人力资源或雇用员工。中国是世界第一人口大国，按说人力资源供给充沛，人力资源应当成本低廉，但由于房地产价格过高，工资待遇中要包含买房或租房成本，抬高了人力资源成本。因此，人力资源高成本是民营企业成本高的第二个源头。

民营企业自有资金不足时，需要对外融资。虽然中央银行公布了基准利率，但民营企业一般得不到商业银行贷款，更难以在证券市场直接融资，只得向民间借贷市场融资，但民间借贷的市场利率一般在15%左右。融资成本高，是民营企业成本高的第三个不可承受之重。

民营企业成本高的另一个重要原因，是税务负担重。2011年8月，美国《福布斯》杂志推出了2011年全球税负痛苦指数排行榜，中国大陆排名全球第二，民营企业也不例外。

企业高昂的经济成本和社会成本，来源于房价高、人工贵、融资难、税负重，降低成本就可以增加收益。但房价高、人工贵、融资难、税负重是宏观经济问题和经济政治制度问题，不是民营企业自身所能解决的，更不是修改或废除《劳动合同法》所能解决的。因此，降低企业成本，是国家层面永恒的主题。

2. 立法目的应协调一致避争议

劳动法体系不是由《劳动合同法》一部法律构成的，而是由《劳动法》《劳动合同法》和《劳动争议调解仲裁法》三部法律与《劳动合同法实施条例》等法规共同组成的。发现和解决《劳动合同法》的问题，不能只立足于《劳动合同法》，而应着眼于整个劳动法体系。

从立法目的上看，《劳动法》《劳动合同法》和《劳动争议调解仲裁法》三部法律之间存在冲突，实体法与程序法之间存在矛盾。

根据《劳动法》第一条规定，《劳动法》的立法目的，是保护劳动者的合法权益，调整劳动关系，建立和维护适应社会主义市场经济的劳动制度，促进经济发展和社会进步。可见，《劳动法》只保护劳动者的合法权益，不保护用人单位的合法权益，当然也不保护劳动者和用人单位的非法权益。

根据《劳动合同法》第一条规定，《劳动合同法》的立法目的，是完善劳动合同制度，明确劳动合同双方当事人的权利和义务，保护劳动者的合法权益，构建和发展和谐稳定的劳动关系。与《劳动法》一样，《劳动合同法》只保护劳动者的合法权益，不保护用人单位的合法权益，当然也不保护劳动者和用人单位的非法权益。

根据《劳动争议调解仲裁法》第一条规定，《劳动争议调解仲裁法》的立法目的，是公正、及时地解决劳动争议，保护当事人合法权益，促进劳动关系和谐稳定。劳动争议的当事人指劳动者和用人单位，因此，《劳动争议调解仲裁法》既保护劳动者的合法权益，又保护用人单位的合法权益；既不保护劳动者的非法权益，也不保护用人单位的非法权益。

由于《劳动法》和《劳动合同法》只保护劳动者的合法权益，不保护用人单位的合法权益，用人单位就失去了主动适用《劳动法》和《劳动合同法》的积极性，造成《劳动法》和《劳动合同法》自身存在冲突和矛盾，在劳动关系中难以兑现合法、公平、平等自愿、协商一致、诚实信用等原则。

两部实体法《劳动法》和《劳动合同法》与一部程序法《劳动争议调解仲裁法》，由于保护对象的不同，在法律规定上存在着冲突，在处理实务时，也难免自相矛盾，达不到不保护非法权益的目的，劳动关系的乱象自然就出现了。

笔者认为，应当修改《劳动法》和《劳动合同法》只保护劳动者合法权益的立法目的，让劳动法体系协调一致，兼顾劳动者和用人单位，《劳动法》《劳动合同法》和《劳动争议调解仲裁法》都应当保护劳动者和用人单位双方当事人的合法权益，促进劳动关系和谐稳定。

另外，《劳动法》《劳动合同法》调整的法律关系，只包括中华人民共和国境内的企业、个体经济组织与劳动者，国家机关、事业组织、社会团体和与之建立劳动合同关系的劳动者之间建立的劳动关系，不包括国家机关、事业组织、社会团体与"正式职工"之间建立的人事关系，但人事关系纳入《劳动争议调解仲裁法》的调整范围。不同的制度安排，让劳动者觉得国家机关、事业组织、社会团体的"人事"员工享有特权。既然社会主义强调平等，就应当把人事关系纳入劳动法体系，在修改《劳动法》和《劳动合同法》时统筹考虑。

3. 劳资双方有双向选择的自由

员工是人力资源，是企业最重要的资产，好的企业拥有各种各样的人才，也永远缺乏人才。企业是员工生存和发展的平台，如果企业破产倒闭，损失的不只是企业股东，员工失业会造成很大的个人、家庭和社会损失。企业与员工相互依存，一荣俱荣，一损俱损。

处理好劳资关系，就要给予劳资双方双向选择的自由，这是市场经济和法治经济的题中应有之义。应当修改《劳动法》和《劳动合同法》中限制合同自由的条款，让劳动合约体现契约精神和劳资双方双向选择自由权。

国企打破的"铁饭碗"，不能在《劳动合同法》中借尸还魂，强加给用人单位和劳动者，让劳资双方失去选择自由权。《劳动合同法》第十四条规定了订立无固定期限劳动合同的内容。如果给予劳资双方选择自由权，双方考察清楚了，都想"互定终身"，不管是否达到要求的期限，都可以签订无固定期限劳动合同；如果一方不想与另一方"定终身"，即使达到要求期限，也有权不签订无固定期限劳动合同，避免"强扭的瓜不甜"现象发生。

与此同时，国家应当承担的义务，不应当转嫁给企业，增加企业的负担。"黑砖窑"和使用童工的现象，应当被劳动法体系定义为违法犯罪行为。

而劳动关系要体现公平正义。劳动法体系应当卸下社会保障的包袱。中国人的社会保障专门由《社会保险法》进行调整，目的是规范社会保险关系，维护公民参加社会保险和享受社会保险待遇的合法权益，使公民共享发展成果，促进社会和谐稳定。

劳动法体系应当是调整劳动关系的长期稳定的法律体系，不应当由短期政府政策左右。政府为了自己的政绩，有时会有急功近利的表现，企图以政策改变法律，这既非法治行为，又容易损害劳资双方的合法权益，对政府的长远利益和公信力造成危害。劳动法治应当体现为：制定良好的劳动关系法律，然后严格公平地执行。

万科控制权博弈的合法性何在

虽然人不能两次踏进同一条河流，但历史往往有惊人的相似之处。2010年国美电器控制权之争的硝烟还没有散尽，2015年下半年的万科控制权博弈，又给企业界上了一堂投资和公司法人治理的公开课。

1. 投资和公司法人治理公开课

万科企业股份有限公司前身是深圳现代科教仪器展销中心，成立于1984年，1987年实行股份制改组，并向社会发行股票。1991年"深万科A"在深圳证券交易所上市，主营大城市的住宅开发，目前是全球最大的房地产开发公司。

2014年年初，万科董事长郁亮在一次会议上拿出一本书《门口的野蛮人》，声称野蛮人正成群结队地来敲门，想控制万科只要200亿元。这既是对万科股权分散现状的形象描述，又是万科管理层对控制权产生的危机意识，还提醒了投资界和企业界有机会控制万科。

截至2015年12月底，钜盛华持有万科19.46亿股，占万科总股本的17.6%；前海人寿持有7.36亿股，占比6.66%。钜盛华及其一致行动人前海人寿组成的"宝能系"合计持有万科24.26%的权益。万科事业合伙人、华润、安邦、刘元生等共持有万科26.82%的股份。

"宝能系"已经成为万科的第一大股东，但不是控股股东，"宝能系"的实际控制人姚振华不足以控制或实际支配万科。万科暂由王石为首的管理层实际控制，但王石及管理层并不是法律意义上的万科实际控制人。

根据《公司法》第二百一十六条规定，控股股东是指其出资额或股份占公司资本总额50%以上的股东；出资额或者持有股份的比例虽然不足50%，但依其出资额或者持有的股份所享有的表决权已足以对股东会的决议产生重大影响的股东。

《公司法》第二百一十六条对实际控制人的定义，是指虽不是公司的股东，但通过投资关系、协议或者其他安排，能够实际支配公司行为的人。可见，实际控制人往往通过间接持股控制公司。

如果"宝能系"成为万科的控股股东，通过投资关系，姚振华将成为万科的实际控制人，不是万科实际控制人的王石及管理层将失去对万科的实际控制。因此，万科控制权博弈的结局，取决于姚振华能否成为万科的实际控制人。

2. 公司的软实力比硬实力更硬

根据新闻媒体报道的数据测算，截至2015年12月18日万科A、H股停牌筹划资产重组，宝能系合计持有万科26.82亿股，总持股成本约400亿元。按照万科停牌前24.43元每股的价格计算，万科26.82亿股的市值高达655亿元，宝能系有255亿元的浮盈。

郁亮说控制万科只要200亿元，为什么宝能系花了400亿元还没有控制万科？公开上市的股价是随时变化的，其时谁一次性花200亿元买进万科股份，谁就是万科的控股股东。但在真实世界中，谁能有一次性购买万科股份的200亿元现金？谁又能一次性提供价值200亿元的万科股份？等到宝能系定出战略，筹集资金，逐步购买万科股份的时候，万科的股价在水涨船高。宝能系持有万科股份达到5%必须举牌的时候，抢购万科股份的市场主体就多了，安邦保险在买进，众多机构在买进，散户也在买进，万科股价短时期内暴涨，结果是宝能系花了400亿元还没有成为万科的控股股东。

为什么花了400亿元的宝能系不能控制万科，而万科1320名管理层事业合伙人只拥有万科4.14%股份，不是控股股东，便能实际控制万科？这要归因于万科特殊的品牌、企业文化和独树一帜的竞争力。

公司治理分为人治、法治和文化治理。每一个公司不可能单纯实行人治，也不可能有百分之百的法治，还不可能实行纯粹的文化治理，而是人治、法治和文化治理的组合。万科的治理体现了公司的民主治理原则，法治和文化治理的分量重，而人治的比例低，因此万科董事长可以爬山、航海，也可以到欧美留学，只在公司战略、用人和品牌建设上引导和把关，就把万科做成了销量世界第一的房地产公司。

如果说资本是公司硬实力，那么文化和品牌就是公司的软实力。公司的硬实力很重要，但公司的软实力比硬实力往往更硬。即使可口可乐的资金全部被盗，甚至可口可乐的工厂被全部烧毁，只要有可口可乐的配方和品牌，可口可乐就能够很快被复制出来。

对于万科来说，是股东离不开管理层，而不是管理层离不开股东。离开管理层的万科，不再是现在的万科，万科会失去现有的公司文化和竞争力。离开万科的管理层，有100多亿元的资产，能够随时设立"亿科"公司，把万科的文化和竞争力复制到"亿科"，把"亿科"的品牌重新建立起来。

3. 控制权的实质是合法性竞争

上市公司控制权博弈的原则，是争夺控制权要有合法性。谁具有实际支配万科的合法性，谁就能取得万科的控制权。

根据《上市公司收购管理办法》第五条规定，宝能系可以通过取得股份的方式成为万科的控股股东，可以通过投资关系、协议、其他安排的途径成为万科的实际控制人，也可以同时采取收购股份和间接支配的方式取得万科的控制权。

根据《上市公司收购管理办法》第十七条规定，宝能系持有万科股份介于20%～30%，应当编制详式权益变动报告书，履行信息披露义务，向监管机构和社会公众报告如下内容：①钜盛华和前海人寿的控股股东、实际控制人及其股权控制关系结构图。②取得相关股份的价格、所需资金额、资金来源，或者其他支付安排。③钜盛华和前海人寿及其控股股东、实际控制人所从事的业务与万科的业务是否存在同业竞争或者潜在的同业竞争，是否存在持续关联交易；存在同业竞争或者持续关联交易的，是否已做出相应的安排，确保宝能系及其关联方与万科之间避免同业竞争以及保持万科的独立性。④未来12个月内对万科的资产、业务、人员、组织结构、公司章程等进行调整的后续计划。⑤前24个月内钜盛华和前海人寿与万科之间的重大交易。⑥宝能系不得利用收购万科来损害万科及其股东的合法权益；不得负有数额较大债务，到期未清偿，且处于持续状态；最近3年不得有重大违法行为或者涉嫌有重大违法行为；最近3年不得有严重的证券市场失信行为。

中国股市普遍存在的大弊端，就是一股独大，控股股东、实际控制人利用控制权进行关联交易，侵犯上市公司和中小股东的合法权益。万科没有控股股东，大股东任由管理层实际控制公司，凭自己的市场竞争力，将万科做成世界第一，实在是中国资本市场的奇葩。

如果宝能系与万科管理层合法地争夺控制权，万科的走向就会发生重大变化，万科的未来充满变数，也许更好，也许更差。如果宝能系也像原第一大股东华润一样，也像安邦保险一样，只做财务投资者，支持管理层控制万科，万科就会沿着原有的轨道前行，万科以及所有股东的风险就是可控的。

虚假诉讼与法治背道而驰

2017年1月14日，最高人民检察院要求各级检察机关大力推进民事检察监督，积极探索行政检察监督，常态化开展虚假诉讼监督工作。由于虚假诉讼严重损害法治，检察机关常态化参与遏制虚假诉讼，无疑是对法治的给力促进。

1. 虚假诉讼是假法律之名损害法治

虚假诉讼俗称打假官司或者假打官司，指当事人出于非法的动机和目的，利用法律赋予的诉讼权利，采取虚假的诉讼主体、事实及证据的方法提起民事诉讼或申请仲裁，使法院或仲裁机构做出错误的判决、裁定、裁决、调解的行为。

最高人民法院第二巡回法庭于2015年10月27日，对上海欧宝生物科技有限公司与辽宁特莱维置业发展有限公司借贷纠纷案做出终审判决，认定两公司之间恶意串通提起虚假诉讼损害他人合法权益，并对两公司各罚款人民币50万元，该案亦被称为中国第一例虚假诉讼案。

上海欧宝公司诉称，自2007年7月24日起分九次陆续借款给辽宁特莱维公司8650万元人民币，用于开发辽宁省东港市特莱维国际花园房地产项目，借期届满后经多次催要，辽宁特莱维公司以商品房滞销为由拒不偿还，请求法院判令辽宁特莱维公司返还借款本金8650万元及利息，并承担本案诉讼费用。辽宁特莱维公司认可上海欧宝公司起诉的事实，辽宁省高级人民法院遂判决支持上海欧宝公司的诉讼请求。

辽宁特莱维公司的另案债权人谢涛提出申诉，主张辽宁特莱维公司与上海欧宝公司恶意串通，通过虚构债务的方式，恶意侵害特莱维国际花园房地产项目投资人谢涛的合法权益。

再审法院辽宁省高院结合上海欧宝公司与辽宁特莱维公司之间的借款过程及诉讼中发生的情形，查明王某夫妻完全控制辽宁特莱维公司、上海欧宝公司、翰皇公司，辽宁特莱维公司借款进账后将大部分款项转出，遂认为不足以认定双方之间存在真实的借款法律关系，判决撤销原一审判决，驳回上海欧宝公司的诉讼请求，但对是否构成虚假诉讼未做出认定。

上海欧宝公司不服辽宁省高院再审判决，向最高人民法院提起上诉。最高人民法院第二巡回法庭受理该案后，归纳了两个争议焦点：一是上海欧宝公司与辽宁特莱维公司之间是否存在关联关系；二是争议的8650万元是否存在真实的借款关系。

曲某为上海欧宝公司的控股股东，王某是辽宁特莱维公司的原法定代表人、实际控制人，王某与曲某系夫妻关系，说明上海欧宝公司与辽宁特莱维公司由夫妻二人控制。同时，上海欧宝公司股东兼法定代表人宗某等人，与辽宁特莱维公司的实际控制人王某、法定代表人姜某、目前的控股股东王某共同投资设立了上海特莱维，说明上海欧宝公司与辽宁特莱维公司之间、与案涉相关公司之间均存在关联关系。

从上海欧宝公司与辽宁特莱维公司及其他关联公司账户之间随意转款、款项用途随意填写的事实，结合在案其他证据，最高人民法院确认，该案债权系上海欧宝公司截取两公司之间的往来款项虚构而成，判决上海欧宝公司与辽宁特莱维公司构成恶意串通，意图通过虚假诉讼损害他人合法权益。

虚假诉讼假借法律的名义，消耗了司法资源，严重扰乱了正常的法律秩序和社会和谐，侵犯了第三人的合法权益，破坏了社会诚信体系。虚假诉讼污染了河流的源头，假法律之名却与法治背道而驰，严重损害国家法治。

2. 让虚假诉讼成为过街老鼠

虚假诉讼案件一般与财产有关，主要集中在民间借贷纠纷、房地产权属纠纷、离婚涉财纠纷、劳动争议纠纷、以物抵债纠纷、公积金领域相关纠纷、建设工程领域纠纷、买卖合同纠纷、公司分立合并、破产案件等方面。

由于虚假诉讼成本低、收益高，当事人串通起来容易伪造证据，不容易被司法机关发现，因而易发、多发。

鉴于虚假诉讼严重损害法治，司法机关有必要大力遏制虚假诉讼，以维护司法权威和司法公信力。2012年修正的《民事诉讼法》第一百一十二条规定："当事人之间恶意串通，企图通过诉讼、调解等方式侵害他人合法权益的，人民法院应当驳回其请求，并根据情节轻重予以罚款、拘留；构成犯罪的，依法追究刑事责任。"

2015年11月1日实施的《中华人民共和国刑法修正案（九）》第三十五条规定，在《刑法》第三百零七条后增加"虚假诉讼罪"，作为第三百零七条之一："以捏造的事实提起民事诉讼，妨害司法秩序或者严重侵害他人合法权益的，处三年以下有期徒刑、拘役或者管制，并处或者单处罚金；情节严重的，处三年以上七年以下有期徒刑，并处罚金。"虚假诉讼罪既可以是自然人犯罪，也可以是单位犯罪。

2016年6月20日，最高人民法院总结全国各地审理虚假诉讼案件的实践经验，出台了《关于防范和制裁虚假诉讼的指导意见》。

《关于防范和制裁虚假诉讼的指导意见》归纳了虚假诉讼的5个要素：①以规避法律、法规或国家政策牟取非法利益为目的；②双方当事人存在恶意串通；③虚构事实；④借用合法的民事程序；⑤侵害国家利益、社会公共利益或者案外人的合法权益。

同时，《关于防范和制裁虚假诉讼的指导意见》总结了可能出现虚假诉讼的5种情形：①当事人为夫妻、朋友等亲近关系或者关联企业等共同利益关系；②原告诉请司法保护的标的额与其自身经济状况严重不符；③原告起诉所依据的事实和理由明显不符合常理；④当事人双方无实质性民事权益争议；⑤案件证据不足，但双方仍然主动迅速达成调解协议，并请求人民法院出具调解书。

《关于防范和制裁虚假诉讼的指导意见》第十二条规定，对虚假诉讼参与人，要适度加大罚款、拘留等妨碍民事诉讼强制措施的法律适用力度；虚假诉讼侵害他人民事权益的，虚假诉讼参与人应当承担赔偿责任；虚假诉讼违法行为涉嫌虚假诉讼罪、诈骗罪、合同诈骗罪等刑事犯罪的，民事审判部门应当依法将相关线索和有关案件材料移送侦查机关。

检察机关常态化开展虚假诉讼监督工作后，侦查机关、检察机关和审判机关就可以形成打击虚假诉讼的合力。但要对虚假诉讼形成人人喊打之势，需要律师和公司法务人员的提前介入，将虚假诉讼扼杀在摇篮里。

　　律师和公司法务人员应当有虚假诉讼的风险意识。虚假诉讼只能一时地欺骗一部分人，不可能永远欺骗所有的人。由于虚假诉讼不仅不能给当事人带来合法权益，而且会给当事人和法律服务者自身带来巨大的成本和法律风险，律师和公司法务人员应当保持清醒的头脑，拒绝为虚假诉讼提供法律服务，坚决与虚假诉讼划清界限，推动中国社会向法治的方向稳步前进。

于欢案的市场与法治逻辑

刺死辱母者的于欢，形成了一个案件。于欢因涉嫌故意伤害罪，被山东聊城市中级人民法院一审判处无期徒刑。于欢不服一审判决，上诉到山东省高级人民法院等待做出终审裁判。该案引起社会各界的强烈反响，展现了中国县域的市场与法治现状，折射了于欢多舛的命运和因果报应的社会规律，公正处理对推动中国市场和法治进程有积极意义。

1. 企业需要市场秩序与契约精神

于欢的母亲女企业家苏银霞，创办了山东源大工贸有限公司，因公司资金出现困难，于2014年7月和2015年11月，苏银霞分别从冠县泰和房地产开发公司老板吴学占处借来100万元和35万元，约定月利息10%即年利率120%。在元本息184万元和一套价值70万元的房产后，仍无法还清欠款。

于欢案发生于2016年4月14日，因暴力催债引起。由社会闲散人员组成的10多人的催债队伍多次骚扰苏银霞的工厂，对债务人及其亲属进行辱骂、殴打。据新闻媒体报道，案发前一天，吴学站在苏银霞已抵押的房子里，指使手下拉屎，然后将苏银霞按进马桶里，要求还钱。

根据苏银霞一方的说法，案发当天晚上九点多，吴学占下属杜志浩等人强行把她和儿子于欢带到办公室一楼的接待室，在里面杜志浩说一些难听的话侮辱她和儿子于欢，什么话难听就骂什么，杜志浩还把于欢的鞋脱了下来，在苏银霞面前晃了一会儿，并扇了于欢一巴掌。随后，杜志浩脱掉裤子露出下体对着苏银霞进行侮辱。

有人报警后，根据当天的监控视频显示，22时13分，警车抵达源大工贸，民警下车进入办公楼，4分钟后，22时17分许，部分人员送民警走出办公楼。看着警察要走，苏银霞母子试图跟着警察出去，但被杜志浩等人阻止，此时于欢从桌子上拿起刀，朝杜志浩等人指了指，说别过来，结果杜志浩等人仍然围了上来，于欢于是拿刀冲着围着他的人开始捅刺。

刚出去仅仅几分钟的警察很快返回现场，将于欢控制。杜志浩等四名受伤的人则到医院救治，其中杜志浩最终因失血性休克死亡。

源大工贸公司主营汽车刹车片、钢材、钢板等，在实体经济尤其是钢铁业周期下行时，公司难以盈利，资金链断裂。中国中小企业"融资难、融资贵"的问题一直没有得到解决，能从资本市场和商业银行得到融资的寥若晨星，中小企业不得不向民间高利贷市场借贷。在企业利润远远不能覆盖利息的前提下，中小企业面临着"不借高利贷等死，借高利贷找死"的困境。

中小企业巨大的借贷需求，既需要平等互利的市场秩序做保障，也需要市场参与主体普遍遵守诚实信用的契约精神。但在讲关系、重势力的县域，地方政府和司法机关不能普遍提供市场所需的公共产品和公共服务，于是产生了高利贷催收行业，骚扰催收，暴力催收，甚至出现了艾滋病人催收的奇葩催收行为，在特定条件下于欢案就在所难免。

2. 法治讲究因果报应与公平正义

根据《最高人民法院关于审理民间借贷案件适用法律若干问题的规定》第二十六条规定，借贷双方约定的利率未超过年利率24%，出借人有权请求借款人按照约定的利率支付利息，但如果借贷双方约定的利率超过年利率36%，则超过年利率36%部分的利息应当被认定无效，借款人有权请求出借人返还已支付超过年利率36%部分的利息。该《司法解释》第三十一条规定，借款人自愿支付年利率24%至36%的利息，借款人不得以不当得利为由要求出借人返还。

如果苏银霞与吴学占之间约定135万元借款利息不高于年利率36%而不是约定年利率120%，苏银霞已支付184万元已足以还清借款本息，就不会发生血案。

如果苏银霞与吴学占用诉讼或仲裁的方式解决借款纠纷，也不会发生血案。

即使吴学占担心以诉讼或仲裁的方式解决借款纠纷导致高于年利率36%的利息无效，或认为以诉讼或仲裁的方式解决借款纠纷时间成本高，采用直接催收的方式也无可厚非，但不能只注重经济风险，不防范法律风险。用非法拘禁和暴力讨债的方式催收借款本息，要承担刑事责任。

法治的因果报应，就是人的行为与法律后果的因果关系。遵守法律者，应当得到法律的保护。违反法律者，就应当受到法律的惩罚。法治要体现公平正义，就是司法机关负有兑现法治因果报应的职责，保障守法者不被蒙冤，而违法犯罪者要承担相应的法律责任。

一审判决认为"被告人于欢及其母亲的生命健康权被侵犯的危险性较小"，即所谓的"不存在防卫的紧迫性"。一审判决的错误在于，认定事实只见树木，不见森林。

在10多个讨债人员使用暴力手段，对于欢母子实施非法拘禁、寻衅滋事、强制猥亵等犯罪行为，甚至遭到上门绑架的情况下，虽然讨债人员没有手持行凶工具，除非于欢母子是武林高手有自卫能力，否则于欢母子的生命健康权被侵犯的危险已经发生而不是较小。尤其在警察离开时，于欢母子失去了外力救济，孤立无援下只能靠自我防卫保护自己。

构成正当防卫有三个条件，针对的是不法侵害，在不法侵害正在进行的时候，针对的是不法侵害人。讨债人员首先对于欢母子实施的是不法侵害。按照《最高人民法院关于审理民间借贷案件适用法律若干问题的规定》，超过36%年利率的高利贷，不受法律保护。根据香港《放债人条例》第二十四条规定，任何人以超过年息60%的实际贷款利率放出贷款即构成犯罪，最高可判罚款10万元及入狱两年。不管借款利率高低，讨债人员暴力讨债，即是对于欢母子实施了不法侵害行为。讨债人员的不法侵害行为一直在持续进行当中，于欢的防卫针对的正是不法侵害人。

《刑法》第二十条第一款规定："为了使国家、公共利益、本人或者他人的人身、财产和其他权利免受正在进行的不法侵害，而采取的制止不法侵害的行为，对不法侵害人造成损害的，属于正当防卫，不负刑事责任。"第二十条第二款规定："正当防卫明显超过必要限度造成重大损害的，应当负刑事责任，但是应当减轻或者免除处罚。"第二十条第三款规定："对正在进行行凶、杀人、抢劫、强奸、绑架以及其他严重危及人身安全的暴力犯罪，采取防卫行为，造成不法侵害人伤亡的，不属于防卫过当，不负刑事责任。"于欢没有在10多个讨债人失去不法侵害能力后继续防卫的行为，根据于欢案的事实和《刑法》第二十条规定，于欢在当时情境下的自卫行为属于正当防卫或防卫过当。

行政权力须礼遇法院裁判

2014年的最后一天,最高人民法院对王秀群、武汉天九工贸发展有限公司起诉中国农产品交易有限公司收购武汉白沙洲农副产品大市场有限公司的股权转让合同纠纷案做出(2014)民四终字第33号《民事判决书》,终审判决《关于武汉白沙洲农副产品大市场有限公司的股权转让协议》无效。而该股权转让协议曾经过商务部批准生效,这就为依法治国时代提出"行政许可如何面对法院生效裁判"的问题。

1. 权利博弈应诚实信用

2007年5月2日,白沙洲公司的股东王秀群和天九公司,与农产品公司签订股权转让协议,以11.56亿元港币的总价格将各自持有的白沙洲公司股权分别转让给农产品公司。《11.56亿元股权买卖协议》约定农产品公司以部分现金、部分农产品公司的可换股票据、部分承付票据向王秀群和天九公司支付对价,还约定协议适用香港法,接受香港法院的非专属司法管辖。

同时有一个向商务部报批的《关于武汉白沙洲农副产品大市场有限公司的股权转让协议》,约定农产品公司以总价0.89亿元从股东王秀群和天九公司手中收购同一标的白沙洲公司股权。《0.89亿元股权转让协议》约定转让价款全部以现金形式支付,还约定协议适用中国法,接受人民法院的司法管辖。鉴定机构证明,《0.89亿元股权转让协议》上"王秀群"签名不是王秀群本人所书写。

《11.56亿元股权买卖协议》与《0.89亿元股权转让协议》就是独具中国特色的"阴阳合同"。《11.56亿元股权买卖协议》是真实的合同,而《0.89亿元股权转让协议》是绕过商务部、国资委、国税局、国家工商局、中国证监会、国家外汇局联合出台的《关于外国投资者并购境内企业的规定》的虚假合同。

《11.56亿元股权买卖协议》虽然是真实合同，但违反了《关于外国投资者并购境内企业的规定》第三条关于外国投资者并购境内企业应遵守中国的法律、行政法规和规章的规定，同时违反了《关于外国投资者并购境内企业的规定》第十七条关于并购对价支付手段应符合国家有关法律和行政法规的规定，无法通过商务部的行政许可。

《0.89亿元股权转让协议》表面上符合《关于外国投资者并购境内企业的规定》第三条关于外国投资者并购境内企业应遵守中国的法律、行政法规和规章的规定，也遵守了《关于外国投资者并购境内企业的规定》第十七条关于并购对价支付手段应符合国家有关法律和行政法规的规定，但内容是虚假的，专门用来对付商务部的依法审查。

由于农产品公司与王秀群和天九公司在商业合作、权利博弈时违反了诚实信用原则，导致王秀群自认为损失了7亿元。王秀群遂起诉农产品公司，请求法院认定《0.89亿元股权转让协议》无效，最终在最高人民法院胜诉。

2. 假合同损害国家利益

由于王秀群和天九公司不是国有企业，农产品公司使用虚假合同骗取批准外资并购境内企业不存在国有资产流失问题；但不能说没有国有资产流失就可以万事大吉，私有财产和民营企业不是任人宰割的羔羊，私有财产和民营企业也涉及国家利益。

除了没有影响参与制定《关于外国投资者并购境内企业的规定》的国资委外，使用虚假合同骗取批准的行为损害了商务部、国税局、国家工商局、中国证监会、国家外汇局所代表的国家利益。

农产品公司使用虚假合同骗取批准外资并购境内企业，不仅影响了商务部的声誉，而且损害了商务部代表的行政许可国家利益，损害了国税局代表的税收征管国家利益，损害了国家工商局代表的公司登记管理和反垄断审查国家利益，损害了中国证监会代表的证券监督管理国家利益，损害了国家外汇局代表的外汇管理秩序国家利益。

根据《国务院办公厅关于建立外国投资者并购境内企业安全审查制度的通知》，农产品公司使用虚假合同绕过依法审查，还有可能危害国有安全利益。

最高人民法院的终审判决，让商务部陷入尴尬的困境。如果商务部收回批准《0.89亿元股权转让协议》的行政许可，既意味着承认商务部从前被假合同欺骗，商务部做出了错误的行政许可，也意味着商务部有义务处罚农产品公司。如果商务部不收回错误的行政许可，既意味着商务部侵犯了王秀群和天九公司的合法权益，王秀群和天九公司有权起诉商务部，也意味着商务部不能够依法行政。

3. 法治是行政许可靠山

究竟商务部怎么做，才算得上依法行政？中国执政党的中央全会和国家法律都对此作出了回答。

党的十八届三中全会提出市场在资源配置中起决定性作用和更好地发挥政府作用的要求，通过压缩和规范公权力向公民和企业归还私权利，公民和企业有权"法无禁止即可为"。党的十八届四中全会强调依宪治国、依宪执政，部署落实如何把公权力关进制度的笼子里，政府遵循"法无授权不可为""法定职责必须为"的原则。国务院法制办曾在新闻发布会上宣布，正在研究建立政府法律顾问制度。

随着《行政诉讼法》《行政复议法》《行政许可法》《政府采购法》《行政处罚法》和《信访条例》等政府行政行为法律体系的完善，法治对政府行政行为的合法性提出了更高的要求。尤其是2015年5月1日起实施的新修订的《行政诉讼法》，被学界誉为"依法治国的抓手和试金石"，堪称一部可以有效地把"行政权力关进笼子"的法律。

当行政权力与生效的法院判决或裁定相冲突时，行政权力应当尊重和遵守法院判决或裁定，哪怕作出生效判决或裁定的法院比行政机关的行政级别低。因为礼遇法院判决或裁定，就是礼遇法治。如果法院判决或裁定违背事实或违反法律，行政机关有权通过司法途径纠正法院判决或裁定。

农产品公司过去用虚假合同骗取商务部行政许可，并不是商务部的过错，商务部只有审查申请材料表面规范的义务。现在商务部知道了农产品公司用虚假合同骗取了商务部的批准而不纠正，才是商务部的过错。

王秀群和天九公司根据最高人民法院生效判决确认的事实，依法申请撤销对《0.89亿元股权转让协议》的行政许可而商务部不作为，王秀群和天九公司有权对商务部提起行政诉讼。

《行政诉讼法》第三条第三款规定："被诉行政机关负责人应当出庭应诉。不能出庭的，应当委托行政机关相应的工作人员出庭。"按照该规定，王秀群和天九公司诉商务部行政诉讼案要求商务部部长或商务部委托的工作人员出庭应诉。商务部与其做行政诉讼的"试金石"，倒不如主动纠正错误的行政许可。

商务部至少有三个合法途径主动纠正错误的行政许可：一是礼遇最高人民法院生效的判决；二是通过聘请律师事务所出具法律意见书，自行找到纠正错误行政许可的事实和法律依据；三是根据新的事实召开听证会，纠正错误的行政许可。

29.30 亿元知识产权案何去何从

白云山（600332）于2015年2月27日发布公告，其控股股东广州医药集团有限公司已向广东省高级人民法院就广东加多宝饮料食品有限公司侵犯"王老吉"注册商标权案申请变更诉讼请求，将原10亿元索赔金额变更为29.30亿元。广药集团与加多宝公司从商标权诉讼，到包装专利权争议，再到广告语著作权纠纷，涵盖了知识产权的三大领域，29.30亿元的天价"凉茶大战"掀起了中国知识产权第一案。要理清二者之间"凉茶大战"的来龙去脉，有必要追溯"王老吉"品牌和"加多宝"品牌的前世今生。

1. 王老吉和加多宝的前世今生

王老吉凉茶由王健仪的先祖王泽邦始创于清朝道光八年，主要在广东岭南一带发展。1949年之后，王老吉一分为二。在香港的王氏后人经营王老吉香港及海外业务，即"香港王老吉国际"。原广州的王老吉药厂则被收归国有，现在隶属于广药集团。

王健仪是王老吉第五代传人，担任香港同兴药业董事长兼王老吉药业董事长、加多宝公司名誉董事长。1995年，活动于粤港两地的东莞籍贸易批发商陈鸿道，从王健仪处获得了王老吉凉茶的配方，但由于王健仪拥有香港及海外的王老吉商标所有权，欲在内地经营王老吉凉茶饮料的陈鸿道，便转而与广药集团寻求合作。1997年2月，广药集团与香港鸿道（集团）有限公司签订了"王老吉商标许可使用合同"，时限至2010年。鸿道集团于1998年9月投资成立全资子公司加多宝公司，陈鸿道自此以加多宝公司为平台，在中国大陆经营红罐王老吉凉茶。

2002年11月，双方签署第一份补充协议，将王老吉商标许可使用时限延长至2013年。在此之前，广药集团原总经理李益民收受鸿道集团董事长陈鸿道港币200万元。2003年6月，双方签署第二份补充协议，时限再延长至2020年。李益民再收受陈鸿道港币100万元，随后李益民因受贿落马。

2010年11月，广药集团发布王老吉品牌价值超过1千亿元的消息，但加多宝方随后澄清与广药集团之间没有隶属关系，双方的矛盾公开化。2011年4月，广药集团以行贿受贿为由提起"王老吉商标"仲裁申请。2012年5月11日，中国国际经济贸易仲裁委员会作出裁决：广药集团和鸿道（集团）有限公司签订的《"王老吉"商标许可补充协议》和《关于"王老吉"商标使用许可合同的补充协议》无效，鸿道集团停止使用"王老吉"商标。

自此，"中国销量领先的红罐凉茶"改名为"加多宝"，加多宝公司开始启用"加多宝"商标。同时，加多宝公司宣称："自始至终我们真正拥有凉茶创始人王泽邦的家传秘方。"

两个企业之间的商标权纠纷，引起社会各界和网民很大的兴趣。凤凰网曾做过专题调查，在"如何看待广药和加多宝'王老吉'商标之争"问题上，截至2012年5月28日18：20，有93548名网民参与投票，59.13%（55319票）的网民支持加多宝，认为广药集团见利忘义、缺乏商业诚信；21.01%（19654票）的网民支持广药集团，认为广药集团自始至终拥有王老吉商标权；另有19.86%（18575票）的网民持中立立场。

为什么近六成的网民支持败诉的民营企业加多宝公司，而仅有两成多的网民支持胜诉的国有企业广药集团？广药集团控股的白云山全资子公司广州王老吉大健康产业有限公司，除了有王老吉凉茶老品牌外，还有大名鼎鼎的白云山凉茶、潘高寿凉茶、陈李济植物饮料、明兴清开爽、星群夏桑菊和菊普茶等系列凉茶饮料品牌。这些品牌都做得不大，只有"王老吉"做成了大品牌，而"王老吉"品牌是加多宝公司做大的。2011年"王老吉"凉茶（包括红罐和绿盒）销售收入在200亿元左右，而广药的绿盒"王老吉"销售额仅有19亿元。

从凉茶配方的角度讲，"加多宝"得到了凉茶始祖王泽邦的嫡系真传，而"王老吉"是广药从王泽邦家族得到的凉茶商标权。这也许是近六成网民和各界专家同情和支持"加多宝"的主要原因，也是加多宝公司输了官司赢了市场的重要原因。

2. 知识产权保护决定品牌价值

品牌是给企业带来市场份额、让企业的产品和服务产生增值的知识产权集合，是企业的无形资产，其载体是用以和其他竞争者的产品或服务相区别的名称、文字、图形、技术、装潢、象征、设计和广告语等及这些要素的组合。品牌增值的源泉，是消费者心中形成的关于其载体和文化的总体印象。国际品牌是指在国际市场上知名度、美誉度较高，产品和服务辐射全球的品牌，如可口可乐、奔驰、索尼、乌龙茶等。

品牌由企业拥有所有权的众多知识产权和企业文化组成。就加多宝公司红色包装凉茶的品牌而言，主要由加多宝公司名称权、"加多宝"注册商标、"JDB"汉语拼音简写及符号、红色外包装权、装潢权、"怕上火喝加多宝"广告语著作权、凉茶始祖王泽邦传承配方的技术秘密、"正宗凉茶"和"加多宝凉茶获准为国家级非物质文化遗产代表作"的文化内涵等组成。

组成品牌的知识产权分属不同的法律管辖和保护：公司名称权受《中华人民共和国民法通则》和《中华人民共和国公司法》保护；商标权受《中华人民共和国商标法》保护；专利权受《中华人民共和国专利法》保护；著作权受《中华人民共和国著作权法》保护；包装权、装潢权和商业秘密都受《中华人民共和国反不正当竞争法》保护。

鸿道集团或加多宝公司曾经租赁或有偿使用过广药集团的"王老吉"商标，广药集团通过仲裁向鸿道集团或加多宝公司要回了"王老吉"商标，加多宝公司无权再使用"王老吉"商标。如果加多宝公司无权使用后继续使用"王老吉"商标，加多宝就构成了对广药集团的侵权，应当承担侵犯商标权的法律责任。

除"王老吉"商标外，原来加多宝公司经营的红罐凉茶的包装、装潢等，都是加多宝公司创造的知识产权，属于加多宝公司所有，未经加多宝公司同意和授权，广药集团无权擅自使用。如果广药集团擅自使用了加多宝公司红罐凉茶的包装、装潢，广药集团就构成了对加多宝公司的包装权和装潢权的侵犯，应当承担侵权的法律责任。

"怕上火喝×××"的广告语著作权，是加多宝公司花费重金，聘请特劳特（中国）战略定位咨询公司打造出来的，又投入巨额广告费才广为人知的。

加多宝凉茶定位于"预防上火",加多宝因此独创了"怕上火喝×××"的广告语。原来加多宝公司有偿使用"王老吉"商标,当然要宣传"怕上火喝王老吉"。结束租赁商标权后,加多宝公司无权宣传"怕上火喝王老吉",因一宣传就侵犯了王老吉商标权;广药集团也无权宣传"怕上火喝王老吉",因一宣传就侵犯了加多宝公司"怕上火喝×××"的著作权。只有加多宝可以宣传"怕上火喝加多宝",因这样宣传不侵犯任何权利。

凉茶品牌的塑造,其产品质量至关重要。喝凉茶可以对冲或中和吃辣椒、吃油炸食品、吃烧烤食品等带来的上火副作用。喝凉茶可以替代吃消炎药,避免使用抗生素,能够保护人的免疫力,提高人的抵抗力,对健康帮助很大。拥有凉茶始祖王泽邦传承配方的加多宝,自然拥有"正宗凉茶"的地位,应当生产出质量更好的凉茶。仅从口感上讲,加多宝凉茶有淡淡的清香味,而其他凉茶不是糖味、甜味重,就是中药味重。在凉茶质量方面,加多宝公司有权在配方上强调,而广药集团有权在商标上强调,因没有凉茶始祖王泽邦的配方传承,广药集团无权让消费者误以为王老吉凉茶存在王泽邦的配方传承。如果广药集团在配方传承上让消费者误解,既是对加多宝的侵权,又是对消费者的欺诈。

如果可口可乐的所有工厂失火烧掉,有可口可乐的品牌和配方,可口可乐很快就能够重建。全球著名品牌咨询公司Interbrand(全球最大的综合性品牌咨询公司)发布的2011年品牌价值100强榜单,可口可乐蝉联世界冠军,其品牌值达718亿美元。在"2014年全球企业品牌价值排行榜"上,"可口可乐"排名"苹果"和"谷歌"之后,以815.63亿美元名列第三。这就是知识产权带来的品牌价值的体现。

企业、政府和司法机关在创造品牌和保护知识产权时,应区分公司、品牌、商标、装潢、包装5个不同的法律概念。企业品牌是否值钱,取决于知识产权能否得到法律保护。知识产权能否得到法律保护,预示着中国能否成为创新型国家,能否找到新的经济增长点,完成经济结构转型升级。过去,加多宝公司经营的凉茶销售量,在中国市场上超过了可口可乐。现在和将来,知识产权能否得到依法保护,决定着中国企业能否涌现一批国际品牌,与中国经济总量世界第二的地位相匹配。

保险公司与投资公司相距多远

2017年以来，金融安全和金融系统性风险成为中国经济领域的热门话题。尤其是2017年4月25日中央政治局集体学习"维护国家金融安全"时，提出金融是国家安全的重要组成部分，要高度重视防控金融风险，把金融风险防控提升至前所未有的高度。除了在金融的传统重地银行和证券领域加强金融监管外，保险公司和投资公司罕见地成为金融整顿的对象，引出保险公司与投资公司相距多远的金融法律新课题。

1. 保险公司需要稳健投资

《保险法》所称的保险，是指投保人根据合同约定，向保险人支付保险费，保险人对于合同约定的可能发生的事故所造成的财产损失承担赔偿保险金责任，或者当被保险人死亡、伤残、疾病或者达到合同约定的年龄、期限等条件时承担给付保险金责任的商业保险行为。

保险历来是一门古板、保守的生意。保险行业的性质，决定保险公司应当把安全性、流动性放在第一位，把收益性放在次要位置。保险公司首先具有保障功能，保障是保险公司的主业，保险公司应坚持"保险姓保"的理念。为了保证保险公司的保障功能，《保险法》第九十七条规定，保险公司应当按照其注册资本总额的20%提取保证金，存入国务院保险监督管理机构指定的银行，除公司清算时用于清偿债务外，不得动用。

对于保障人身权益的人寿保险公司，《保险法》第八十九条规定，人寿保险公司除因分立、合并或者被依法撤销外，不得解散。《保险法》第九十二条规定，人寿保险公司被依法撤销或者被依法宣告破产的，其持有的人寿保险合同及责任准备金，必须转让给其他经营有人寿保险业务的保险公司；不能同其他保险公司达成转让协议的，由国务院保险监督管理机构指定经营有人寿保险业务的保险公司接受转让。可见，只要投保人在中国购买了人寿保险，人身权益保障就不会落空。

随着保险业的发展，保险公司之间的竞争日益激烈。从国外保险行业的经营状况看，大多数保险公司的保险业务本身都是亏损经营，保险公司主要通过保险资金的投资收益来弥补直接承保业务的损失。

摩根士丹利在1995年提出一个重要观点：投资是保险行业的核心任务，没有投资就等于没有保险行业；没有保险投资，整个保险行业的经营是不能维持下去的。保险公司应该两条腿走路，承保业务与投资业务一个都不能少。

发达国家的保险公司资金运用率超过了90%，所涉及的投资领域包括债券、股票、房地产、抵押或担保贷款、外汇以及各种金融衍生产品等。美国保险公司主要投资品种为债券和股票，人寿保险公司的投资比重分别为债券（68%）、抵押贷款和不动产投资（23%）以及股票（5%），在财产保险公司的总资产中，债券和股票占据了最主要的份额，分别为债券（70%）和股票（18%）。

鉴于保险公司首先具有保障功能，保险公司需要稳健投资。为了规范保险资金运用行为，防范保险资金运用风险，维护保险当事人合法权益，促进保险业持续、健康发展，中国保险监督管理委员会制定了《保险资金运用管理暂行办法》。

《保险资金运用管理暂行办法》把能投资的保险资金，限定于保险公司以本外币计价的资本金、公积金、未分配利润、各项准备金及其他资金。

为了实现保险公司的保障功能，《保险资金运用管理暂行办法》制定的投资原则是：保险资金运用必须稳健，遵循安全性原则，符合偿付能力监管要求，根据保险资金性质实行资产负债管理和全面风险管理，实现集约化、专业化、规范化和市场化。

为了做到稳健投资，《保险资金运用管理暂行办法》第六条规定，保险资金运用限于以下5种形式：①银行存款；②买卖债券、股票、证券投资基金份额等有价证券；③投资不动产；④国务院规定的其他资金运用形式；⑤保险资金从事境外投资，应当符合中国保监会有关监管规定。

2. 公司法人应按定位发展

公司指依法设立的，有独立的法人财产，以营利为目的的企业法人。公司是人类最伟大的发明之一，成为人类创新和创造财富的主体。

按照《公司法》规定，只有两种公司形式：有限责任公司和股份有限公司。中国的公司以其全部财产对公司的债务承担责任。有限责任公司的股东以其认缴的出资额为限对公司承担责任。股份有限公司的股东以其认购的股份为限对公司承担责任。

不管是有限责任公司，还是股份有限公司，公司都有自己的营业范围。公司的营业范围，实际上就是公司的定位。

公司突破定位或超越营业范围对外签订合同，是否有效？《合同法》第八条规定：依法成立的合同，对当事人具有法律约束力；当事人应当按照约定履行自己的义务，不得擅自变更或者解除合同；依法成立的合同，受法律保护。公司超越营业范围签订合同，除了违反《合同法》第五十二条规定的无效外，其他的都具有法律效力。

《保险法》第六条规定，只有保险公司才能经营保险业务，其他单位和个人不得经营保险业务。而根据《保险法》第六十七条规定，设立保险公司应当经国务院保险监督管理机构批准，而且中国保监会在审查保险公司的设立申请时，要考虑保险业的发展和公平竞争的需要。经营保险业务的公司需要有保险资质，如果没有保险资质的投资公司去经营保险业务，不仅与投保人签订的保险合同无效，而且会触犯非法经营罪。

为什么保险公司需要经过特殊批准，获得保险资质才能经营保险业务？因为保险公司可以向社会公众发行保险产品筹集资金，而投资公司虽然不需要特殊批准，但投资公司不能向社会公众筹集资金。投资公司向社会公众筹集资金，就会构成非法集资。投资公司除了能用自有资金投资外，只能向合格投资者筹集资金，而合格投资者是指达到一定资产规模或者收入水平，并且具备相应的风险识别能力和风险承担能力的单位和个人。

投资公司用自有资金和合格投资者的资金投资，投资范围一般情况下不受限制。保险公司能投资的，投资公司都能投资。保险公司不能投资的实业投资、艺术品投资等其他投资，投资公司仍然能够投资。

保险公司和投资公司应当按照自己的定位获得相应的发展。正因为保险公司可以向社会公众筹集资金，保险公司的投资范围必须受到限制，否则，保险公司的投资发生风险，会产生金融安全和金融风险问题。正因为投资公司没有保险资质，就不能向社会公众发行保险产品筹集资金，否则，投资公司的投资发生风险，也会产生金融安全和金融风险问题。

保险公司从事境外投资，受中国保监会有关监管规定的约束。投资公司从事境外投资，按说不应受限制和约束，但如果把比重过高的资产转移到海外，造成巨额外汇流出，会给人民币汇率造成过大的下行压力，也会引发金融安全。

不管是保险公司，还是投资公司，从事境外投资，都应该使用自己的真金白银，避免高杠杆融资，并注重适应和保护境外的投资环境。非理性和凶猛的境外投资收购，会造成发达国家对来自中国资金的恐慌，法国新总统马克龙在2017年6月22日举行的欧盟峰会上要求欧盟对中国投资和并购进行更严格的审查，得到德国、意大利和奥地利等国的支持，尽管希腊、葡萄牙和捷克等国反对，马克龙的提议暂时没有通过，但中国一些投资公司恶化境外投资环境的行为，导致中国企业真正投资创新、收购高新技术的行为受阻，损害中国实体经济和经济转型，无疑是不明智的，不利于保障和防范中国的金融安全和金融风险。

第六章

产权保护法治属于千年大计

中国的房产是永久产权

2016年4月20日，国土资源部、浙江省国土资源厅组成联合调研组，赴浙江省温州市调研指导住宅土地使用权20年到期的延长问题，拉开了彻底解决中国房屋产权问题的序幕，迎来推动中国"依宪治国""依宪执政"向前迈进的契机。

1. 自动续期即无条件续期

新闻媒体于2016年4月中旬报导，浙江省温州市的一些年限为20年土地使用期的"产权房"，由于使用年限到期，二手房无法办理过户手续。温州管理部门曾要求按照楼面地价，缴纳占房价总额约1/3的土地出让金，并重新签订国有土地使用权出让合同。算下来土地出让金数额高达数十万元，事件被报道之后引发社会各界和民众的焦虑，很多人担心"温州模式"会在全国各地推广。

温州居民补交土地出让金，与住宅建设用地使用权续期，完全是两个法律关系，新闻媒体和一些专家显然将两个法律关系搅和在一起，让"剪不断，理还乱"的问题难以解决。

要将20年土地使用期变为70年土地使用期，需要补交土地出让金。否则，对原来按70年土地使用期交纳土地出让金的温州居民和全国居民不公平。补交土地出让金，是温州房产业主与温州土地管理部门之间的合同问题，双方本着平等互利和诚实信用的契约精神，就能妥善解决问题。

住宅建设用地使用权续期，既不是温州土地管理部门所能解决的，也不是浙江省国土资源厅和国土资源部所能解决的。有人说，住宅建设用地使用权续期问题，应当由国务院决定，依据是全国人大法工委民法室编著的《中华人民共和国物权法精解》一书中，主张住宅建设用地使用权期间届满的，自动续期，续期的期限、土地使用费支付的标准和办法，由国务院规定。但《中华人民共和国物权法精解》的主张只是学理解释，既不是法律规定，也不是立法解释。因此，住宅建设用地使用权续期由国务院决定，没有法律依据。

《物权法》第一百四十九条第一款规定："住宅建设用地使用权期间届满的，自动续期。"按照汉语的词义，自动续期就是不需要申请和批准的续期，即无条件续期。法治的原则是，对于政府"法无授权即禁止"，对于国民"法无禁止即允许"。既然《物权法》没有授权政府给住宅建设用地使用权续期附加条件，中国人民就有权行使住宅建设用地使用权自动续期权或无条件续期权。

《中华人民共和国城市房地产管理法》（以下简称《房地产管理法》）第二十二条规定："土地使用权出让合同约定的使用年限届满，土地使用者需要继续使用土地的，应当至迟于届满前一年申请续期，除根据社会公共利益需要收回该幅土地的，应当予以批准。经批准准予续期的，应当重新签订土地使用权出让合同，依照规定支付土地使用权出让金。土地使用权出让合同约定的使用年限届满，土地使用者未申请续期或者虽申请续期但依照前款规定未获批准的，土地使用权由国家无偿收回。"《房地产管理法》第二十二条与《物权法》第一百四十九条显然是冲突的，但《物权法》是全国人民代表大会制定的基本法，《房地产管理法》是全国人大常委会制定的部门法，下位法与上位法冲突时，下位法无效。因此，《物权法》第一百四十九条有效，《房地产管理法》第二十二条是无效法条，住宅建设用地使用权应当无条件续期。

2. 房屋产权是个宪政问题

中国的土地房屋产权制度是地随房走，房随地走。如果在土地上建设了房屋，就登记为房屋。获得了房产证，土地就依附于房屋。如果在土地上临时建设了房屋，不能登记房屋，没有获得房产证，仍然登记为土地使用权，房屋就依附于土地。

房屋产权由两部分组成：房子和土地。房子是永久产权，房子的一砖一瓦没有年限，永远属于业主。房子下面的土地，是国有土地。国务院《城镇国有土地使用权出让和转让暂行条例》第十二条规定，国有土地使用权出让的最高年限，居住用地为70年，商业、旅游、娱乐用地为40年，综合和其他用地为50年。

根据地随房走的原则，一旦办理了房产证，产权就表现为房产，不表现为地产。由于房子是永久产权，国有土地使用权出让的最高年限规定，实际上没有意义。

国务院《国有土地上房屋征收与补偿条例》，没有规定对国有土地使用权作出任何补偿：第一，由于土地名义上是国有的，自然不必对房产业主给予补偿；第二，房屋将土地的所有权吸收到房产中，对房屋进行补偿即是对房屋下面的土地完成了补偿。显然，国务院的两个行政法规《城镇国有土地使用权出让和转让暂行条例》和《国有土地上房屋征收与补偿条例》，在国有土地使用权期限上是自相矛盾的。

任何所有权包括占有、使用、收益和处分四项权利，房屋下面的土地所有权也不例外。拥有《房屋所有权证》的业主，自然占有和使用了房屋下面的土地。业主能对房屋进行出租、抵押和出售，自然也拥有对房屋下面土地的收益和处分的权利。事实上，拥有了房屋所有权，就拥有了房屋下面土地的所有权。因此，中国的土地使用权和土地所有权，在权利上完全是一回事。

房屋与房屋下面的土地无法分割。政府土地管理部门作为国有土地出让人，即使想收回出让期限到期的土地，也做不到将房屋下面的土地抽走。政府土地管理部门显然不是上帝，无法将房屋变成空中楼阁。

《宪法》第十三条第一款规定："公民的合法的私有财产不受侵犯。"《房地产管理法》第二十二条与《宪法》第十三条也是冲突的，既然房产是中国公民合法的私有财产，既然《房地产管理法》第二十二条侵犯了中国公民合法的私有财产权，《房地产管理法》第二十二条应当被废除。

《物权法》第一百四十九条第二款规定："非住宅建设用地使用权期间届满后的续期，依照法律规定办理。该土地上的房屋及其他不动产的归属，有约定的，按照约定；没有约定或者约定不明确的，依照法律、行政法规的规定办理。"土地使用权的法律和制度应当是一致的，中国的房产应当是永久产权，无论是住宅，还是商业用房。

《宪法》第二条第一款规定："中华人民共和国的一切权力属于人民。"人民即每一个国民希望自己的房产是永久产权，而不是名不副实。《宪法》第十条第一款规定："城市的土地属于国家所有。"土地国有即是全民所有，每个国民合法所有的房产，其土地理应归自己所有。《宪法》的宗旨与《物权法》的规定是一脉相承的。

《物权法》重要的立法目的之一，是让国民安居乐业。中国历来讲究"有恒产者有恒心"，国民合法的私有房产得到有效保护，国民才有安全感和爱国心，社会才能稳定和谐，中国才能成为更具国民凝聚力的国家，才能在21世纪和平崛起。

3. 产权保护法治正在路上

《物权法》重要的立法目的之一，是让国民合法的产权得到有效保护，国民才能安居乐业。

但《物权法》出台后，其执法一直存在问题。法治的重要内容之一"严格执法"，在产权保护领域打了折扣，有的时候、有的地方甚至会歪曲产权保护法律规定。

针对产权保护法治存在的问题，中共中央、国务院颁布了《关于完善产权保护制度依法保护产权的意见》，旨在推进"公私财产权平等保护"。

最高人民检察院出台《关于充分发挥检察职能依法保障和促进非公有制经济健康发展的意见》，目的在于坚持平等保护公有制经济与非公有制经济，保障和促进非公有制经济健康发展，强调依法打击侵犯非公有制企业权益和非公有制经济人士人身、财产权利的刑事犯罪，营造平安稳定的社会环境。

最高人民法院在《关于充分发挥审判职能作用切实加强产权司法保护的意见》中，提出坚持产权司法保护的基本原则：坚持平等保护、坚持全面保护、坚持依法保护。

最高人民法院出台《关于依法妥善处理历史形成的产权案件工作实施意见》，在办案范围上，对于改革开放以来做出的涉及重大财产处置的产权纠纷以及民营企业和投资人违法犯罪的生效裁判，当事人、案外人提出申诉的，要求各级法院要及时审查，认真甄别，对确有错误的，要坚决依法纠正。

最高人民法院还印发了《关于在执行工作中规范执行行为切实保护各方当事人财产权益的通知》，要求各级法院依法准确甄别被执行人财产，避免对案外人等非被执行人的合法财产采取强制执行措施；同时，对确定属于执行人的财产，要加大执行力度，及时执行到位。各级法院还要依法严格区分违法所得和合法财产，对于经过审理不能确认为违法所得的，不得判决追缴或者责令退赔。

在财产刑事案件执行中，要求各级法院严格区分个人财产和企业法人财产，处理股东、企业经营管理者等自然人犯罪不得任意牵连企业法人财产，处理企业犯罪不得任意牵连股东、企业经营管理者个人合法财产。最高人民法院还要求严格区分涉案人员个人财产和家庭成员财产，处理涉案人员犯罪不得牵连其家庭成员合法财产。

国企依法破产的社会效益其实更好

重庆合川丝绸总厂目前拥有市场价值16亿多元的资产，被以406万元的价格出售，涉嫌约16亿元的国有资产流失。

在约16亿元的国有资产流失的过程中，每一个程序都多多少少存在问题，暗箱操作是国有资产流失的普遍特征。该国有资产流失案，始自重庆合川丝绸总厂该破产而没有破产。

1997年7月，合川市法院裁定国有企业重庆合川丝绸总厂破产，另一个国有企业重庆市丝绸进出口公司以350万元整体收购合川丝厂。在表面上看来，这是一件好事：小国企不用破产，大国企更加壮大，既保住了国企不用破产的面子，国企职工又暂时不用下岗。实际上，国企该破产而没有破产，是16亿元国有资产流失的第一次也是最大一次暗箱操作。

事情并没有按照当权者的安排发展，重庆市丝绸进出口公司收购该破产而没有破产的国企后，把自己也给拖垮了。好事变成了一件坏事：更大的国企需要破产，更多的国企职工面临下岗。

《中华人民共和国企业破产法（试行）》自1988年11月1日开始实施。如果重庆合川丝绸总厂当时能够依法破产，除破产费用外，破产企业所欠职工工资和劳动保险费用是破产财产第一顺序清偿的财产。拿到清偿财产的企业职工，有机会成为个体工商户和民营企业家，或趁年轻时培训、另找工作，能够创造更多的财富，为社会提供更多的就业机会，起码不会拖到2012年还在作为下岗和退休职工上访、举报、维权。

如果重庆合川丝绸总厂当时能够依法破产，也许不会把重庆市丝绸进出口公司拖垮，让更多的国企职工重演悲剧。重庆合川丝绸总厂当时没有依法破产，只是给更多的当权者提供了参与瓜分国有资产的机会，而国企职工的权益却一次次地被侵害和剥夺。

重庆合川丝绸总厂没有依法破产，成就了一家资产至少达16亿元的民营企业，造成了近3000人下岗和严重的贫富不均。中国严重的贫富分化，就是由权力参与的社会分配不公产生的。

显而易见的是，如果重庆合川丝绸总厂当时能够依法破产，将不会导致16亿元国有资产流失，也不会出现大量下岗和退休职工上访、维权的社会不稳定现象，重庆甚至有可能因此涌现更多的民营企业，使整个社会财富实现最大化。国有企业如果没有按照市场规则实行优胜劣汰，就必然阻止民营企业发展壮大。国有企业只有依法破产，才会产生更好的社会效益和社会正能量。

让农民成为中产阶级吧

　　将普遍贫穷的农民变为中产阶级，好像是天方夜谭。其实有个简单的方法可以实现这个目标——将土地所有权还给农民，中国的多数农民就会变成中产阶级，中国也将因此成为名副其实的世界最大消费市场，经济转型亦指日可待。

　　稳增长、调结构、管通胀是中国经济的平衡三角。现阶段，稳增长和管通胀是互相冲突的。多发货币，政府加大投资，就能实现增长，但会进一步吹大房地产泡沫，引发通货膨胀。抑制通货膨胀，经济增长速度会进一步放慢。调结构是中国经济三角的核心，只有在调结构上突破，才能兼顾稳增长和控通胀。

1. 将农民变为中产阶级

　　改革开放30多年，中国由短缺经济，变成产能过剩的经济。此前，主要由美国和欧洲消化中国的过剩产能。美国发生金融危机、欧洲发生债务危机之后，欧美的需求锐减，中国企业出口困难重重，且欧美加强了对中国企业的反倾销、反补贴。

　　增加投资可以促进经济增长，但中国靠增加投资获得经济增长的模式难以为继。中国2003年以来对房地产的投资不断加速，形成了巨大的房地产泡沫。目前，中国的房地产价格与美国和日本接近，但美国和日本的人均收入是中国的10倍，因此，相对于收入，中国的房价是美国和日本的10倍。

　　中央银行公布《2012年第2季度储户问卷调查报告》显示，68.5%的居民认为目前房价"高得难以接受"，只有2.1%的居民认为"令人满意"。畸高的房地产价格，是中国提高城镇化率的阻碍，也是经济成本居高不下的源头。

　　2009年以来政府主导投资的4万亿元，由于投资效率低下，形成了巨大的债务黑洞。根据国家审计署数据，截至2010年年底，全国地方政府性债务余额为10.7万亿元，其中政府负有偿还责任的债务67109.51亿元，占62.62%；政府负有担保责任的或有债务23369.74亿元，占21.80%；政府可能承担一定救助责任的其他相关债务16695.66亿元，占15.58%。

在出口和投资不能为经济增长继续加码的情况下，把目光聚集在消费上是明智的。

在理论上，中国有13亿人口，GDP世界第二，中国应是世界上最大的消费市场。

国家统计局的数据显示，2011年中国城镇居民人均年收入23979元，城镇居民人均可支配收入21810元，农村居民年人均纯收入6977元，全年城乡居民收入比为3.13∶1。

中国城乡居民的收入增长速度，长期以来大大落后于GDP增速。亚洲开发银行在《2012年亚洲发展展望》的报告中称，中国城乡收入差距非常大，城镇居民家庭人均收入几乎是农村居民家庭人均收入的3.5倍。

最新研究报告显示，2012年上半年，中国大陆基尼系数持续上升，达到0.613，已经突破联合国有关组织规定的危机临界点。

实际上，在仍有六七亿较为贫困农民的中国，其消费市场并不像想象的那样大，中国有购买力的消费需求既没有美国大，也没有欧洲大。

如何将理论上最大的消费市场，变成实际上最大的消费市场？在发达的市场经济国家，农民都是中产阶级。如果把六七亿农民变成中产阶级，哪怕把一半农民变成中产阶级，中国就会成为名副其实的世界最大消费市场，消化过剩的产能，避免中等收入陷阱，经济还可以高速增长二三十年。

2. 农民天然拥有分配权

1947年9月13日，中国共产党通过了《中国土地法大纲》，于同年10月10日公布施行。《中国土地法大纲》第一条规定："废除封建性及半封建性剥削的土地制度，实行耕者有其田的土地制度。"

《中国土地法大纲》要求，以乡或村为单位统一分配土地，数量上抽多补少，质量上抽肥补瘦，所有权归农户所有。该大纲在分配土地时，允许中农保有高于贫农的土地量，并分给地主同样的一份土地。

《中国土地法大纲》第十一条规定，分配给人民的土地，由政府发给土地所有证，并承认其自由经营、买卖及在特定条件下出租的权利。

现行的《中华人民共和国土地管理法》（以下简称《土地管理法》），与《中国土地法大纲》是一脉相承的。《土地管理法》规定，农村土地实行劳动群众集体所有制。农村和城市郊区的土地、宅基地、自留地、自留山，属于农民集体所有。集体所有就是组成集体的每个人所有或每家农户所有。

现行《土地管理法》的缺憾是，既规定农民集体拥有土地，又规定农民只能使用土地，在自相矛盾的同时，回避了农民个人拥有土地所有权的问题。

中国的农民名义上是在承包土地，但承包土地具有占有、使用、收益和处分的权利。根据《物权法》，具有占有、使用、收益和处分的权利，就具备了所有权的属性。

目前正在进行第四轮《土地管理法》修改。应当在新的《土地管理法》中，让集体土地实至名归，规定为每个农民拥有土地所有权。

《土地管理法修正案（草案）》拟将土地征收补偿标准提高10倍。10倍的补偿标准不知是怎么得来的，拍脑袋决策是典型的计划经济思维。政府或设计者不是"神算子"，市场才是真正的"神算子"。

《土地管理法》要解决的不该是土地征收补偿标准或土地价格问题，而是国有土地与集体土地拥有平等地权的问题，是城乡公平问题，是巨大的城乡贫富差距的问题。只要实现了地权平等和城乡公平，在土地价格问题上，市场比政府处理得更好。

在发达的市场经济国家，土地就是资本，农民都是老板。只有中国的农民，向集体承包土地，为集体打工。

集体是什么？集体既是一个个农民自己，也是一个虚无的所有者缺位的概念。所有者缺位，集体所有就表现为权力所有。集体被权力主导，压制了农民的权利，事实上剥夺了农民的土地所有权。

中国农民为什么贫穷？是因为没有分配权。没有所有权就没有分配权。农民拥有土地所有权之后，就能参与分配，提高收入，把自己变成中产阶级，消除贫穷，缩小城乡收入比例。在城郊地区和经济发达地区，农民拥有土地所有权后，很快就会成为中产阶级。

目前，改革和腐败在赛跑。腐败现象严重且难以消除，是由于权力得不到有效的制约和监督。将土地所有权还给农民以后，农民就可以用权利制约权力，强制征地和野蛮拆迁就会成为特例，而不是普遍现象。

强制征地和野蛮拆迁被制度性消除后，中国社会的上访量和群体性事件就会急剧下降。如果可以省下年预算高达7000多亿元"维稳费"的一半，将3000多亿元投入经济转型，中国的经济转型会更顺畅，社会更和谐，人民更幸福。

法律守护财富正当其时

有人说，这既是一个最好的时代，又是一个最差的时代。在中国的GDP狂飙突进30多年之际，显然面临中等收入陷阱的风险。面对国民财富呈现大起大落之势，如何运用法律守护财富，是国民、企业和政府都须关注的要事。

1. 法律要给予财富明确预期

2015年5月21日之前，高银集团旗下在香港主板上市的子公司高银地产和高银金融，其股价在短短5个月内双双暴涨350%，帮助高银集团主席潘苏通登上了彭博亚洲财富排行榜殿军的宝座。就2015年的财富增长速度而言，无论中国首富马云和华人首富李嘉诚，还是世界首富比尔·盖茨和股神巴菲特都望尘莫及。

无独有偶，2015年以来，汉能薄膜发电集团有限公司股价如火箭般直冲云霄，半年增长7倍，一时将汉能控股集团主席李河君推升至超越马云、王健林的中国新首富的宝座上。

财富暴涨孕育着暴跌。2015年5月20日，汉能薄膜突然出现跳崖式暴跌，短短二十几分钟内股价大跌47%，市值蒸发了1300亿港元。大跌导致李河君的身家蒸发1167亿港元，折合约935.5亿元人民币，从2486.84亿港元大幅缩水至1319.34亿港元。

2015年5月21日，高银集团旗下两家公司股价也全线崩盘，跌幅一度超过60%。高银地产收盘跌40.91%，高银金融跌43.34%。一天之内，两家公司市值蒸发1287亿港元（约1029亿元人民币），高银集团主席潘苏通身价缩水千亿元。

汉能集团对股价暴跌发布声明，声称公司目前经营正常、各项业务运转良好，资金状况良好，没有任何一笔贷款逾期；不存在有关媒体报道的因集团股票被斩仓，导致股票大跌的情况；集团及关联人士持有汉能薄膜股票约306亿股，没有任何减持套现行为；集团也没有利用持有的汉能薄膜股票与任何机构或个人，进行过诸如对赌之类的金融衍生交易。高银集团发表声明，声称公司运营、资金等一切正常，不知悉导致价格及成交量波动的原因。

观察分析"汉能系"和"高银系"股价暴涨暴跌的现象，一是在时间上接踵而至，二是高银融资是汉能薄膜与汉能控股集团总供应关联交易的独立财务顾问，三是"汉能系"和"高银系"的股权高度集中，四是"汉能系"和"高银系"估值远高于行业平均值，五是3家公司都是港股通热门标的。

表面上，"汉能系"和"高银系"股价暴涨暴跌是市场现象，谁也管不着。实际上，法律要给"汉能系"和"高银系"以及他们的股东手中的财富明确的预期，防范暴涨暴跌。法律在证券市场上给予财富明确预期的方法是公开、公正和公平，不得有操纵股价、内幕交易等损人利己或损人害己的市场操纵行为。

由于操纵股价、内幕交易等市场操纵行为严重破坏证券市场"三公"原则，损害投资者利益，干扰证券市场秩序，甚至会引发资本市场系统性风险，扰乱正常的财富预期。因此，法律规定了对市场操纵行为的民事、行政和刑事的处罚，保障证券市场对财富的明确预期，防止国民在证券市场上暴富赤贫。

2. 财富管理需要法律守护

除了法律要在证券市场上给予财富明确预期外，在社会生活的各个方面，财富管理不能缺乏法律尽职尽责的守护。

财富管理的法律守护，主要内容有三个方面：产权保护、契约精神和诚实信用。产权保护确定财富的所有权归属，明晰的产权避免财富归属的混乱。财富的占有、使用、收益和处分，应当在平等互利的基础上达成合意，运用契约精神把握财富的交易或变换。只有遵循诚实守信的原则，才能建立财富归属和交易的良好秩序，保护财富创造，防范财富损害。

不动产是财富的重要形式，不动产登记是财富管理的方式之一。自2015年3月1日起，《不动产登记暂行条例》正式实施，中国进入不动产统一登记的时代。但中国国民仍然对不动产的财富管理有较大疑虑，甚至变成了一种焦虑。

2015年5月19日，多家房产网站发布了一篇有关房地产税加快进入立法、中央取消房产证70年产权年限的文章。第二天，取消房产证70年权限被澄清为不实消息，中国房地产及住宅研究会副会长顾云昌表示，最近没有政府以及业内对房地产立法进行改革，取消房产证70年权限只是外界谣言。

在中国，谣言往往是遥遥领先的预言。取消房产证产权年限成为国民的普遍心愿后，这一天的到来就为期不远了。

房屋是中国家庭的主要财富。根据中国"房随地走，地随房走"的房地产制度，房屋经不动产登记后，房屋下面的土地被吸附到房屋中，房屋成为业主的财富所有权，土地不再是所有权形式。

《宪法》第十条规定，城市的土地属于国家所有；农村和城市郊区的土地，除由法律规定属于国家所有的以外，属于集体所有，宅基地和自留地、自留山，也属于集体所有。《土地管理法》第二条规定，我国实行土地公有制，即全民所有制和劳动群众集体所有制。

《土地管理法》第九条规定，国有土地和集体土地可以依法确定给单位或者个人使用。《城镇国有土地使用权出让和转让暂行条例》第十二条规定，土地使用权出让最高年限按用途确定：①居住用地为七十年；②工业用地为五十年；③教育、科技、文化、卫生、体育用地为五十年；④商业、旅游、娱乐用地为四十年；⑤综合或者其他用地为五十年。

新版不动产权证书上设置的"使用期限"，是指土地使用权的期限，不是房屋所有权期限，房屋所有权不存在使用期限的问题。尽管房屋所有权是永久产权，土地使用期到期后，政府无法把土地从房屋底下抽走，但中国国民担心的是，中国房屋的平均寿命只有30年，比住宅的使用期70年短得多。房屋先毁了，70年到期后，政府把土地收回就没有任何障碍了。

为了打消房屋不是永久产权的国民疑虑，《物权法》第一百四十九条规定，住宅建设用地使用权期间届满的，自动续期；非住宅建设用地使用权期间届满后的续期，依照法律规定办理；第一百四十九条既没有规定土地使用权自动续期是否交纳土地出让金，也没有规定交纳多少土地出让金，让国民产生了新的疑虑。

纵观土地立法的历史，让国民对房地产不断产生疑虑的原因是政府权力过大，拥有了改变法律的立法权。《宪法》和《土地管理法》并没有规定土地有40～70年的最长使用年限，但作为行政法规的《城镇国有土地使用权出让和转让暂行条例》却做出了这样的规定。

为了打消中国国民的房屋产权期限焦虑，用法律守护财富管理秩序，由于《城镇国有土地使用权出让和转让暂行条例》第十二条规定与《宪法》和《土地管理法》的规定相冲突，根据《立法法》的规定，废止《城镇国有土地使用权出让和转让暂行条例》第十二条规定，取消不动产权证书上"使用期限"栏的设置，是解决房屋产权混乱问题的根本之道。

如此，中国人就没有必要在70年后再去费劲地证明"你的房子是你的"了。

金融法治铸就金融安全

2017年7月14日至15日在北京召开的定调未来5年中国金融格局的全国金融工作会议，继2017年4月25日中央政治局集体学习"维护国家金融安全"之后，再次强调金融安全是国家安全的重要组成部分。2017年7月IMF（国际货币基金组织）的《世界经济展望报告》显示，随着全球经济趋于稳定，全球风险的重心发生关键性迁移，金融风险取代复苏风险成为全球经济的首要威胁。世界各国面临着避免金融风险、保障金融安全的竞争。中国如何实现金融安全？金融安全离不开金融法治，金融法治铸就金融安全。

1. 金融良性循环以法治为靠山

金融安全的目标，是防范和化解金融风险，守住不发生系统性金融风险的底线。

要防范和化解金融风险，守住不发生系统性金融风险的底线，必须摸清中国面临的金融风险和潜在的金融风险有哪些。企业负债率、杠杆率迅速和大幅攀升，实体企业的成本居高不下且自身难以降低成本，影子银行不纳入表内管理且规模日渐庞大，信贷资金大多进入房地产与收益较低、期限较长的地方政府投资项目，资产价格泡沫化，僵尸企业破坏金融市场的定价机制，大量的非法集资得不到遏制，互联网金融游离于监管之外，利率和汇率的市场化任重道远，以上种种现象都是中国经济现存和潜在的金融风险。

IMF在2017年4月19日发布的《全球金融稳定报告》（GFSR）中提示，中国信贷快速增长使金融风险不断增加。IMF报告中提到，当前中国银行业的资产规模已达到GDP的三倍以上，而其他非银行金融机构的信贷敞口也有所增加。中国许多金融机构资产负债存在着严重错配，流动性风险和信贷风险处于较高水平。在2016年10月IMF的一篇《Resolving China's Corporate

Debt Problem》工作论文中，得出中国2009—2015年信贷平均增速高达20%的结论。信贷平均增速大幅超越名义GDP增速，中国需要防范西班牙、泰国和日本这些信贷缺口类似经济体的前车之鉴。

每个国家的内部金融风险是主要的，但国际金融环境变化带来的外部冲击也不容忽视，外部金融风险可以转化为内部风险。从外部金融风险来看，美元加息的外溢效应，美国退出量化宽松政策，美元保持升值预期，引发国际资本流向美国，中国面临资本流出和人民币贬值压力，加剧国内流动性紧张，给正常的贸易和对外投资造成不利影响。

金融风险往往在忽视中爆发。如果有充分的金融风险意识，并采取有针对性的应对措施，就能防范和化解金融风险。全国金融工作会议的通稿中，31次提及"风险"，28次提及"监管"，凡是涉及监管的提法表述都强调了一个"严"字。

防范和化解金融风险，最重要的是确定金融安全的方向，回归金融的本质，明确金融的定位：服务实体经济。如果房地产成了货币的蓄水池，房产成了一种金融产品，房子就是用来炒作的标的，房子的居住属性不再重要，一旦房价大跌，就会形成天量的金融不良资产，金融业与房地产业就会进入恶性循环。将制造金融泡沫和房地产泡沫的金融自我循环，转变为金融服务实体经济，回到金融业与实体经济相得益彰的双赢轨道上来，就会摆脱金融的恶性循环，进入金融的良性循环。

摆脱金融的恶性循环，进入金融的良性循环，需要金融规则发挥作用，即确立金融法治。金融法治是金融安全的靠山，而金融人治只能是金融安全的冰山。全国金融工作会议给出了答案：健全符合中国国情的金融法治体系。

2. 金融稳定发展须监督监管者

服务实体经济，保障金融安全，监管机构应当对中国的金融庞氏骗局和金融乱象进行监管和整顿。

庞氏骗局是对金融领域投资诈骗的称呼，庞氏骗局是一个名叫查尔斯·庞兹的投机商人"发明"的。查尔斯·庞兹（Charles Ponzi）是一位生活在19—20世纪的意大利裔投机商，1903年移民到美国，1919年他开始策划一个阴谋，用一个事实上子虚乌有的企业来骗取投资，许诺投资者将在三个月内得到40%的利润回报，然后，狡猾的庞兹把新投资者的钱作为快速盈利付给最初投资的人，以诱使更多的人上当。由于前期投资的人回报丰厚，庞兹成功地在七个月内吸引了三万名投资者，这场阴谋持续了一年之久，才让被利益冲昏头脑的人们清醒过来，后人称之为"庞氏骗局"。

金融庞氏骗局，在中国又称"空手套白狼"，通俗地说，就是设局者拆东墙补西墙的行为，利用新投资者的钱，向旧投资者支付回报。等到资金链断了或资金池干了，庞氏金融骗局才被发现或曝光。

监管机构不仅应当防范庞氏金融骗局，将庞氏金融骗局扼杀在萌芽状态，而且应当对已经发生的庞氏金融骗局做出妥善处理，美国对庞氏骗局的后续处理值得借鉴。

2008年，美国发生了马尔道夫庞氏骗局。马尔道夫是纳斯达克交易所前主席，他开设马尔道夫对冲避险基金，作为投资骗局的挂牌公司。其设计的层压式庞氏骗局，诈骗涉逾650亿美元，被称为世纪骗局。在十年后的2017年，当初的绝大多数受害者（多是老人和慈善机构）都能获得赔偿。到2016年5月，美国共审理6.4万件索赔案件，其中有2.5万件符合索赔资格，还有3万件因为申请材料不完整等待裁决，拒绝索赔的只有7500件，约占总数的12%。

中国的金融乱象主要是指，金融业没有以服务实体经济为根本导向，而是以投机和赚取快钱为目的形成的资金空转和套利行为，资金在金融机构内或特定的资金池内流转，没有投资或借贷给实体经济企业以满足其资金需求。

监管机构正确对待实体经济中的"僵尸企业"，是监管和整顿金融乱象的目标之一。"僵尸企业"只有亏损能力没有盈利能力，本应是被收购兼并的对象，甚至应当被破产清算，以实现优胜劣汰，但由于观念落后和体制因素，"僵尸企业"往往靠地方政府政策扶持和借贷输血活着，负债累累的"僵尸企业"不断加剧产能过剩、造成银行系统坏账堆积，已成为吸取国有资金的"吸血鬼"和金融系统的毒瘤，浪费了资金资源，扭曲了要素价格，阻碍了经济转型和经济改革。

监管机构在对中国的金融庞氏骗局和金融乱象进行监管和整顿的过程中，既不能乱作为，又不能不作为，这就需要建立金融民主和金融法治，既让金融市场和金融投资、消费者监督监管者，又让监管者正确执行金融法律法规，确保监管者受到充分的监督。

2017年全国金融工作会议决定设立国务院金融稳定发展委员会，第一次对中国的"一行三会"金融监管机构进行监管协调和监管监督，是落实监管责任，实行金融法治的重要举措。

设立国务院金融稳定发展委员会，强化了中央银行宏观审慎管理和系统性风险防范职责，地方政府按照中央统一规则，强化了属地风险处置责任。金融监管机构不得不培育恪尽职守、敢于监管、精于监管、严格问责的监管精神，落实有风险没有及时发现就是失职、发现风险没有及时提示和处置就是渎职的严肃监管责任。

只有实行金融法治，维护金融安全，才能正本清源，回归金融服务实体经济的本源，才能保值和增值中国的金融资产家底：2017年年中，银行业金融机构总资产接近232万亿元，资产规模世界第一；A股市值约52万亿元；公募私募基金规模约18万亿元；保险业总资产近16万亿元……只有实行金融法治，中国才能从金融大国变成金融强国。

第七章

法治是创造财富的制度保障

中国法治力挺自由市场竞争

1993年12月1日版《中华人民共和国反不正当竞争法》（以下简称《反不正当竞争法》）实施24年后，新修订的《反不正当竞争法》于2017年11月4日经全国人大常委会表决通过，自2018年1月1日起实施。

被称为"市场经济宪法"的《反不正当竞争法》，顺应市场竞争秩序和形式的新变化，推动中国市场法治进入新时代。

1. 体现法治新时代的《反不正当竞争法》

随着中国互联网的蓬勃发展和中央政府对"互联网+"的推动，市场经济社会产生了互联网反不正当竞争的客观需要，《反不正当竞争法》首次增加了互联网反不正当竞争的内容，规范互联网领域的不正当竞争行为。

《反不正当竞争法》第十二条规定了互联网反不正当竞争的条款。利用网络从事生产经营活动的经营者，不得利用技术手段，通过影响用户选择或者其他方式，妨碍、破坏其他经营者合法提供的网络产品或者服务：①未经其他经营者同意，在其合法提供的网络产品或者服务中，插入链接，强制进行目标跳转；②误导、欺骗、强迫用户修改、关闭、卸载其他经营者合法提供的网络产品或者服务；③恶意对其他经营者合法提供的网络产品或者服务实施不兼容；④其他妨碍、破坏其他经营者合法提供的网络产品或者服务正常运行的行为。

为了顺应十八大以来中国反腐败力度的加强，《反不正当竞争法》对商业贿赂的范围也做了相应的扩大。原来贿赂的对象只限于交易相对方，《反不正当竞争法》第七条将交易相对方的工作人员、受交易相对方委托办理相关事务的单位或者个人、利用职权或者影响力影响交易的单位或者个人，都列为贿赂对象。

《反不正当竞争法》把经营者的工作人员进行的贿赂行为，认定为经营者的行为，只有经营者有证据证明该工作人员的行为与为经营者谋取交易机会或者竞争优势无关才能除外。根据《反不正当竞争法》的规定，王石曾经宣示的万科不行贿，既是万科作为企业不行贿，也是万科的工作人员不得行贿谋取交易机会或者竞争优势。

《反不正当竞争法》加大了不正当竞争的违法成本，从而降低了不正当竞争的违法收益，让不正当竞争行为在经济上不再划算。经营者违法贿赂他人，除没收违法所得外，最多可以被处300万元的罚款，情节严重的，要被吊销营业执照。

经营者违法对其商品做虚假或者引人误解的商业宣传，或者通过组织虚假交易等方式帮助其他经营者进行虚假或者引人误解的商业宣传，情节严重的，最多可以被处200万元的罚款，同时要被吊销营业执照。

经营者违法侵犯商业秘密，最多可以被处300万元的罚款。经营者违法进行有奖销售，最多可以被处50万元的罚款。经营者违法损害竞争对手商业信誉、商品声誉，最多可以被处300万元的罚款。经营者违法妨碍、破坏其他经营者合法提供的网络产品或者服务正常运行，最多可以被处300万元的罚款。

针对商品和服务市场上"傍名牌""傍大牌"和"傍品牌"的现象，《反不正当竞争法》鼓励创新，打击各类恶意仿冒和混淆行为，保护自由市场竞争。根据《反不正当竞争法》，经营者不得擅自使用他人有一定影响的商品名称、包装、装潢等相同或者近似的标识；不得擅自使用他人有一定影响的企业名称（包括简称、字号等）、社会组织名称（包括简称等）、姓名（包括笔名、艺名、译名等）；不得擅自使用他人有一定影响的域名主体部分、网站名称、网页等；不得有其他足以使人误认为是他人商品或者与他人存在特定联系的混淆行为。

2. 《反不正当竞争法》维护有效市场竞争

不正当竞争行为，是指经营者在生产经营活动中，违反《反不正当竞争法》规定，扰乱市场竞争秩序，损害其他经营者或者消费者的合法权益的行为。《反不正当竞争法》规定的经营者，不仅包括从事商品生产、经营或者提供服务的法人和非法人组织，也包括自然人。

反不正当竞争的目的，是鼓励和保护公平竞争，建立和运行良好的市场竞争秩序，维护有效市场竞争。有效市场竞争，就是法治前提下的自由市场竞争。新修订《反不正当竞争法》，正是中国法治支持自由市场竞争的体现，有利于推动中国市场法治进入新时代。

《反不正当竞争法》第二条规定的自愿、平等、公平、诚信的原则，与《中华人民共和国民法总则》规定的平等、自愿、公平、诚信的原则精神一致，反映了市场经济社会对经营者的必然要求，是衡量市场行为的道德标准，也是具有强制性的法律底线和维护自由市场竞争的要求。

自愿原则是指经营者能够根据自己内心的真实意愿来参与特定的市场经营活动，设立、变更和终止特定的法律关系。自愿原则是包括市场经营在内的一切民事活动的主要前提，是对限制市场主体意志自由的否定。反对以胁迫、强制手段进行的市场经营活动，有利于市场竞争中实现优胜劣汰。

平等原则是指任何市场主体的法律地位平等，享有平等的权利，在平等的基础上自愿协商，任何一方都不得将自己的意志强加给对方。市场主体不论其规模大小、所有制形式如何，在法律上都是平等的，任何市场主体不得有市场经营特权。

公平原则指市场主体在经营活动中应当讲道理，市场经营活动体现合理性，权利义务平衡和匹配。在市场竞争中，公平原则与平等原则相一致。只有在平等的基础上开展的竞争，才有可能是公平竞争。公平原则体现为交易条件公平和交易结果公平，就是商场上所说的"双赢"或"多赢"。

诚信原则是诚实信用原则的简称，要求市场主体以善意、诚实的态度与其他市场主体打交道，恪守信用，不践踏诺言，做诚实人，办实在事，说老实话。诚信原则包含了契约精神的内涵，在签订和履行合同时遵守合同条款和法律规定，反对任何欺诈性的市场经营行为，抵制采取欺诈或引人误解的手段，消解不劳而获。执行《反不正当竞争法》，首先要遵守《中华人民共和国合同法》。

自由市场不仅由经营者或具有竞争关系的市场主体组成，而且由消费者组成。因此，《反不正当竞争法》不仅保护经营者的合法权益，而且也保护消费者的合法权益。不正当竞争行为损害的范围，是市场竞争秩序、经营者合法权益和消费者合法权益的三位一体。

根据《反不正当竞争法》第十七条规定，经营者违法损害他人合法权益，应当依法承担民事责任，受害者有权向人民法院提起诉讼。因不正当竞争行为受到损害的经营者的赔偿数额，按照受害者因被侵权所受到的实际损失确定。如果受害者的实际损失难以计算，按照侵权人因侵权所获得的利益确定。

《反不正当竞争法》规定的赔偿数额还包括经营者为制止侵权行为所支付的合理开支。在法律上，制止侵权行为所支付的合理开支，就是权利人或者委托代理人对侵权行为进行调查、取证的合理费用，包括符合国家有关部门规定的律师费用。该条规定非常重要，有利于解决不正当竞争受害者"维权难""维权贵"的问题，同时也是《反不正当竞争法》加大不正当竞争的违法成本和违法风险的体现。

外商投资市场法制仍需完善

2017年9月21日，针对外资新能源汽车企业在自贸区设立独资企业问题，商务部对外表示，中国政府将尽快研究出台减少新能源汽车制造领域外商投资限制的政策措施，持续推进新能源汽车领域的对外开放。国家发改委公开表示，2017年下半年将在金融、新能源汽车等领域进一步放宽外资准入条件。

在外商投资增加获得进入中国市场机会的条件下，中国政府和外商投资应遵循市场与法治逻辑，才能保障国家安全，防范投资风险，获得相应的经济效益和社会效益。

1. 改善投资环境永不止步

外商投资的主体简称"外商"，全称是境外投资者，包括在中国境外、依照其他国家或地区相关法律设立的公司、企业、其他经济组织以及个人。由于历史、政治、法律等原因，中国台湾地区、香港特别行政区和澳门特别行政区投资者按照外商对待。事实上，中国内地的境外投资者先投资到境外，再从境外投资回中国内地，也属于外商。

根据世界经济和中国吸收外资的现状，外资主要由发达国家和我国台湾、香港、澳门地区的民间资本构成。因此，外资本质上是来自中国境外的民间资本。既然外资是境外的民间资本，外商是境外的民间投资者，只要改善中国的民间投资环境，就能够改善外商投资环境，从而提高中国吸收外资的国际竞争力。

对比改革开放前后，从20世纪80年代前国有资本一统天下，而民间投资几乎为零，到21世纪10年代，民间投资占全社会投资的60%，创造了80%左右的社会就业，贡献了超过50%的财政税收。民间投资在整体固定资产投资中年占比，从2006年年初的36%迅猛上升到2015年12月的64%，成为中国经济增长的关键引擎。这是中国长期致力于改善和提升民间投资环境的结果，也是改革开放向中国社会释放的制度红利。

改革开放以来，民间投资造就了一批在国内、国际上具有市场竞争力的企业，同时，很多管理与技术上的创新和突破也来自民营企业。作为推动中国经济增长的重要力量，民间投资对中国经济增长的重要意义不言而喻，但由于历史原因与体制改革的深度和广度不够，民间资本的地位和待遇，与国有资本仍然不能同日而语，国有资本在不少竞争性经济领域里有垄断之嫌，民间投资环境的改善，还有很大的提升空间。正如李克强总理在调研中发现的，有些地方民营企业要投资一个项目，过去要走200多项审批，现在减少到90项、60项了，但还是太多了，民营企业制度性交易成本实在是太高了。

2016年以来，境内外民间资本增长乏力甚至有些领域和地方民间资本不增反降，中国的顶层设计和相关部门出台了很多政策法规，期待不断改善和提升民间投资环境。

为了奠定市场经济和民间投资的基础，实现有恒产者有恒心，2016年11月4日，中共中央、国务院颁布了《关于完善产权保护制度依法保护产权的意见》，推动完善产权保护制度，依法有效保护各种所有制经济组织和公民财产权，以增强人民群众财产安全感，增强社会信心，形成良好预期，增强各类经济主体创业创新的动力，维护社会公平正义，保持经济社会持续健康发展和国家长治久安。最高人民法院配套出台了《关于充分发挥审判职能作用切实加强产权司法保护的意见》和《最高人民法院关于依法妥善处理历史形成的产权案件工作实施意见》。最高人民检察院相应出台了《关于充分履行检察职能加强产权司法保护的意见》。

新华社于2017年9月15日报道，国务院办公厅印发了《关于进一步激发民间有效投资活力促进经济持续健康发展的指导意见》，提出了10个方面的政策措施，以期解决政策落实不到位、营商环境待改善以及融资难、融资贵等问题，意在激发民间有效投资的力度，促进民间投资活力，进而推动经济持续健康发展。

针对外商长期关注的知识产权保护问题，全国打击侵犯知识产权和制售假冒伪劣商品工作领导小组办公室、国家知识产权局、公安部、农业部、商务部、海关总署、工商总局、新闻出版广电总局、国家林业局、国家邮政局、最高法院、最高检察院12部门联合印发《外商投资企业知识产权保护行动方案》，决定于2017年9月至12月，在全国范围内集中打击侵犯外商投资企业知识产权的违法犯罪行为，这是近年来中国政府首次专门针对外商投资企业知识产权保护问题开展的专项行动。

2. 法治给予外资稳定预期

在中国，政策是短期的法律，法律是长期的政策。政策的优势是针对性强，效率高，但政策执行时人为因素大，有可能执行不力，也容易执行走样。政策有人治的烙印。法律的优势是确定性强，责任明确，具有约束力和强制力，但立法周期长，法律往往赶不上形势的发展。法律是法治的前提。

既然市场经济是法治经济，中国要走向依法治国，今后应多制定法律，少出台政策，在民间投资或外商投资方面也不例外。鉴于中国了解经济发达国家或地区，其法制同样发达，为了给予外商投资稳定的预期，中国已经建立了外商投资法律体系。

改革开放以来，中国对外商投资实行严格的准入管理和逐案审批制度，分别制定了《中华人民共和国中外合资经营企业法》《中华人民共和国中外合作经营企业法》和《中华人民共和国外资企业法》，通称"三资企业法"，又制定了三资企业法实施条例与细则，还制定了大量涉及外商投资企业设立、变更、股权转让和其他相关事项的配套部门规章。另外，还专门制定了《中华人民共和国台湾同胞投资保护法》。

外商投资法律体系是建立起来了，但发挥更大作用的是部门规章《外商投资产业指导目录》。《外商投资产业指导目录》将外商投资产业分为鼓励类、限制类、禁止类。即使是鼓励类外资企业的设立、变更等事项，仍然需要经商务部门逐一审批，事实上并不比限制类企业享有更多便利。

为了应对全球跨国投资和产业转移呈现的新趋势，国务院于2017年1月发布《关于扩大对外开放积极利用外资若干措施的通知》，要求全国各地、各部门进一步扩大对外开放，创造公平竞争环境，加强吸引外资工作。2017年8月，国务院又印发了《关于促进外资增长若干措施的通知》，推动进一步减少外资准入限制，制定外商投资财税支持政策，完善国家级开发区综合投资环境，便利人才出入境，优化营商环境，要求明确专用车和新能源汽车制造、船舶设计、支线和通用飞机维修、国际海上运输、铁路旅客运输、加油站、互联网上网服务营业场所、呼叫中心、演出经纪、银行业、证券业、保险业12个领域的开放路线图和时间表。

2017年7月实施的新版《外商投资产业指导目录》，限制性措施进一步减少了30条，减少近1/3，突出体现了鼓励外商投资高端制造、智能制造、绿色制造的政策导向，提出了全国范围实施的外商投资准入负面清单，负面清单之外的领域原则上实行备案管理，不得限制外资准入。

尽管出台了一系列政策措施给外商投资减负，但外商投资政策的繁杂和短期功利的特征没有从根本上消除，一些政策措施之间的冲突或不协调，有时让外商无所适从。简化外商投资政策的出路，是将外商投资法制化，可行的方案是将《中外合资经营企业法》《中外合作经营企业法》《外资企业法》和《台湾同胞投资保护法》4部法律合并成一部《外商投资法》，适用于外资进入前为保障国家安全进行审查和管理。外商投资一旦在中国设立，就是中国的纳税企业，应当适用《中华人民共和国公司法》。

要提高中国吸引外资的长期国际竞争力，需要中国法治给予外商稳定的预期。外商投资进入中国后应当获得平等的企业地位，不应当再按外资对待。外商投资相信法治，不相信特权，因为特权代表着人治和不确定性，而不确定性就是风险，所有的资本都厌恶风险。

境外投资的市场与法治逻辑

2017年8月18日，国务院办公厅转发国家发改委、商务部、中国人民银行、外交部《关于进一步引导和规范境外投资方向的指导意见》，限制房地产、酒店、影城、娱乐业、体育俱乐部等境外投资。

该指导意见不只是针对海航、安邦、万达和洛阳钼业（603993，股吧）这样的胡润榜上2016年境外投资最活跃的企业，而是适用于所有从事境外投资的中国市场主体。境外投资应遵循市场与法治逻辑，才能防范风险，获得相应的经济效益和社会效益。

1. 境外投资应是市场双向选择

根据商务部制定的《境外投资管理办法》，境外投资是在中华人民共和国境内依法设立的企业通过新设、并购及其他方式在境外拥有非金融企业或取得既有非金融企业所有权、控制权、经营管理权及其他权益的行为。金融企业的境外投资管理办法，由"一行三会"和外汇管理机构等金融监管部门制定，如中国保监会、央行和国家外管局共同制定了《保险资金境外投资管理暂行办法》。因此，境外投资的中国市场主体，包括非金融企业和金融企业，不包括自然人，即个人不能从事境外投资。

由于个人境外投资尚未开放，希望进行境外投资的个人，一是可以通过个人注册成立的境内公司进行海外投资，二是可以通过QDII（合格境内机构投资者）制度安排，参与到机构投资者中进行境外投资。

境外投资应当以企业为主体，以市场为导向，按照商业原则和国际惯例进行，投资企业必须有自主决策、自负盈亏、自担风险的能力。境外投资应当充分考虑东道国国情和实际需求，注重互利合作，实现互惠共赢。

由于国有产权的优势和局限同时存在，中国的国有企业在境外投资时，尤其要防止掉入"软预算约束"的陷阱。"软预算约束"概念，是由匈牙利经济学家亚诺什·科尔奈1979年提出的。"软预算约束"是指，当社会主义经济中的国有企业长期亏损，以致资不抵债时，政府会通过追加投资、增加贷款、减少税收等各种救济措施，让这些亏损的国企免于破产，由于没有破产的担忧，国企缺少基本的激励机制，更加没有盈利。

一些长期亏损或经营管理能力不佳的国有企业，会打着投资"一带一路"的旗号，向国有银行套取贷款或向政府索取资源。国有银行或政府对于"一带一路"建设项目的投资如果得不到预期的回报，出现坏账累积，则会引发金融危机。因此，境外投资防止国有企业的"软预算约束"，成为一个突出的问题。

根据中国国情，中国鼓励开展的境外投资有以下8个领域：①有利于"一带一路"建设和基础设施互联互通的基础设施建设；②带动优势产能、优质装备和技术标准输出的境外投资；③与境外高新技术和先进制造业企业的投资合作；④在境外设立研发中心；⑤境外油气、矿产等资源的勘探和开发；⑥农、林、牧、副、渔等领域的农业对外合作；⑦商贸、文化、物流等服务领域；⑧金融机构在境外建立分支机构和服务网络。

中国希望或鼓励开展的境外投资领域，东道国不一定支持和接纳。境外投资能否成功，是市场双向选择的结果，取决于投资企业和标的企业以及投资国政府和东道国政府如何协商和合作。

中国境外投资者一度节制不足甚至非理性的"买买买"行动，既受国内的约束，又受外部的制约。就在中国政府宣布引导和规范企业境外投资的政策后，德国经济部向欧盟委员会发出了应该遏制中国企业境外并购的要求。统计数据印证了国内外政府的反应不是空穴来风，胡润研究院携手易界DealGlobe（易界）首次发布的《2017中国企业跨境并购特别报告》显示，中国企业2016年境外投资并购交易金额大幅增长150%，在并购目的地上，美国最热门，其次是中国香港，德国排名第三。

2. 境外投资须遵守境内外法律

截至2017年8月，中国没有出台专门的境外投资法律。不管是《境外投资管理办法》，还是《关于进一步引导和规范境外投资方向的指导意见》，都是部门规章，属于广义的法律范畴，境外投资者应当遵守这些部门规章。

中国的境外投资法规禁止境内企业参与危害或可能危害国家利益和国家安全的境外投资，主要包括涉及未经国家批准的军事工业核心技术和产品输出的境外投资；运用中国禁止出口的技术、工艺、产品的境外投资；赌博业、色情业等境外投资；中国缔结或参加的国际条约规定禁止的境外投资。

处于"鼓励发展＋负面清单"模式之外的，属于限制开展的境外投资，限制境内企业开展与国家和平发展外交方针、互利共赢开放战略以及宏观调控政策不符的境外投资，包括：①在与中国未建交、发生战乱或者中国缔结的双多边条约或协议规定需要限制的敏感国家和地区开展境外投资；②房地产、酒店、影城、娱乐业、体育俱乐部等境外投资；③在境外设立无具体实业项目的股权投资基金或投资平台；④使用不符合东道国技术标准要求的落后生产设备开展境外投资；⑤不符合东道国环保、能耗、安全标准的境外投资。

对于限制开展的境外投资，既不易通过境外投资主管部门的核准，又难以获得金融机构的融资和外汇贷款支持，境外投资者基本上要靠自有资金从事限制开展的境外投资。

境外投资的境内渠道打通后，境外投资者必须接受东道国的安全审查，才能完成境外投资，而东道国的安全审查是依据所在国家或地区的法律进行的。境外投资完成后，投资标的企业必须遵守东道国的法律才能持续运营。因此，无论是境外投资前还是境外投资后，境外投资者都要遵守东道国的法律。

管理部门发布《关于进一步引导和规范境外投资方向的指导意见》，不是为了收紧境外投资，而是为了确保境外投资行稳致远，加强中国企业境外投资真实性的审查，确保"一带一路"建设顺利推进，保障国家金融安全和经济安全。管理部门在发布《关于进一步引导和规范境外投资方向的指导意见》后表态，境外投资坚持"三个不动摇"：坚持对外开放的战略方向不动摇、坚持推进"走出去"战略不动摇、坚持防范境外投资风险的原则不动摇。

中国的境外投资有很多成功的案例，但也有不少经验教训。为了防范境外投资风险，境外投资者宜聘请在境外投资方面具有丰富经验的法律、财务、税务等中介机构和专业人士协助把关，面对中国企业通常面临的"水土不服"

问题，东道国及当地政治经济环境对投资成本的影响有多大？东道国及当地法律对投资标的企业的影响有多大？东道国及当地就业市场对投资标的企业的影响有多大？东道国及当地政策、文化和习俗对投资标的企业的影响有多大？境外投资者是否有资源和能力解决企业文化冲突？

机会垂青于有准备的人。成功的境外投资，必须事先做足准备。在启动境外投资前，境外投资者要清楚是否有承担投资风险的能力，是否有整合标的企业的实力，标的企业是否能够降低成本，是否能够提高效益。

法治如何保护企业家精神

企业家与一般自然人的区别，就在于是否有企业家精神，是否能把企业家精神发扬光大。

2017年9月25日，中共中央、国务院史无前例地印发了《关于营造企业家健康成长环境　弘扬优秀企业家精神　更好发挥企业家作用的意见》，从营造依法保护企业家合法权益的法治环境等10个方面提出了29条具体意见。

2017年10月，中共十九大提出要激发和保护企业家精神，鼓励更多社会主体投身创新创业。十九大报告中提了19次"依法治国"，并提出要成立"中央全面依法治国领导小组"。在建设中国特色社会主义的新时代，怎样运用法治保护企业家精神，促进经济向高效率转型，提上了执政党和中央政府的重要议事日程。

1. 企业家精神是怎样炼成的

企业家是中国改革开放的标志和产物。改革开放前，虽然实行计划经济，但土地、资金、技术和人力等市场因素都存在，唯一不存在的是企业家。改革开放后，有了企业家，就有了市场经济，才创造出世界第二的中国经济总量。企业家通过不断创新为经济增长注入动力，因此，企业家事实上是"经济增长的国王"。企业家，是经济活动的重要主体，是市场经济中的"关键少数"和特殊人才。虽然企业家的定义有多个维度，但"开拓者""创新者"是企业家群体的共同标签。

企业家是自然人，每个人多多少少都有开拓创新精神，但不是人人都能成为企业家。企业家与一般自然人的区别，就在于是否有企业家精神，是否能把企业家精神发扬光大。因此，企业家精神是企业家的灵魂。熊·彼特认为，企业家精神是经济发展的主要驱动力量，企业家的创新活动是实现经济发展的主要行为。

法国的企业家精神，表现为"外圣内王"，即外表优雅，内心霸道。霸道与优雅源自法国人对技艺、品质、创新的不懈追求，严谨务实，精益求精。

德国的汽车、设备、化工产品世界第一，因为德国的很多中小企业有独特技术，在自己的领域专心致志做下去，在上百年市场竞争中屹立不倒，在一项技术上做到世界领先。

犹太人很重视金钱，但在犹太人眼里，知识比金钱重要，智慧比知识更重要。在流动居住的恶劣环境下，犹太人从来不曾忽视教育，而是将其列为第一位的事情。犹太企业家精神把诚信看得最重要，在实际的商业活动中一直坚守着诚信为本。犹太人有一句格言：鱼离开水就会死亡，人没有礼仪便无法生存，而不讲诚信则会受炼狱之罚。

每个美国人都会颂扬致富，美国人都想成为富人，并为之竭尽全力。冒险是企业家精神的天性，美国是冒险家的乐园。美国梦就是一文不名的穷小子，只要有聪明才智，肯付出巨大的努力，就有成为亿万富翁的平等机会。美国文化尊重人的个性，尊重个人的野心。美国信奉失败是成功之母，对失败格外宽容。美国是一个基督教国家，企业家精神受新教伦理的影响很大。货币只是成功的标志之一，对事业的忠诚和责任，才是企业家精神。

在日本，企业家骨子里追求产品的完美品质，为获得同行和客户的赞誉，而不惜把99.99%的精力用在0.01%的产品提升上，真正做到精益求精。日本以子承父业为荣，百年企业的子孙都以家业的历史与祖传技艺为荣，并代代相传。

印度人以抱团著称，"印度人帮印度人"让美国硅谷成就了无数印度式传奇。印度种族、语言众多，多元文化造就了印度企业家超强的适应能力。信仰要求印度人远离一切世俗的牵挂，包括工资待遇，这成了印度企业家的竞争力。成功的印度企业领袖对普罗大众有更多的责任感，有相当多的印度企业家是出于对民族或国家的情感走上商业道路的。

在万科创始人王石看来，一个社会总是有一些传统、规范和模式的，而认识到这些模式的问题，重新组织要素，并成功为社会创造价值，这就是企业家精神。企业家应当把最擅长的规划、管理、组织、协调、说服、动员、妥协等才能贡献给社会，才真正尽到了企业社会责任，而不仅仅是拿出一些钱来做慈善。

海尔集团董事局主席、首席执行官张瑞敏是20世纪80年代的传奇人物，其21世纪"砍掉中间管理层"的管理变革震惊了中国，震惊了世界。张瑞敏主导的海尔企业结构改革是去中心化、去中介化。张瑞敏通过"以人为本"的管理变革，让渡了决策权、分配权和用人权，将员工由原来的被雇用者和执行者的定位，变成了创业者和合伙人。

2. 法治是企业家精神的脊梁

《关于营造企业家健康成长环境　弘扬优秀企业家精神　更好发挥企业家作用的意见》属于行政法规，在营造依法保护企业家合法权益的法治环境、促进企业家公平竞争和诚信经营的市场环境、尊重和激励企业家干事创业的社会氛围方面，给予不同所有制企业的企业家精神同等保护，要求依法保护企业家财产权、创新权益和自主经营权，强化企业家公平竞争权益保障，健全企业家诚信经营激励约束机制，持续提高监管的公平性、规范性、简约性，构建"亲""清"新型政商关系，树立对企业家的正向激励导向，营造积极向上的舆论氛围。

在《中共中央、国务院关于完善产权保护制度依法保护产权的意见》中，规定对各种所有制经济组织和公民财产权平等保护，这是用行政法规保护企业家精神的重要组成部分。

《最高人民法院关于依法平等保护非公有制经济促进非公有制经济健康发展的意见》和《最高检关于充分发挥检察职能依法保障和促进非公有制经济健康发展的意见》，对司法保护非公有制企业和企业家精神作出了规定。

新时代的中国企业家精神，首先要有良知精神，要求企业家合法经营。中国的企业家精神传统，遵从"仁中取利，义中求财"的古训，信奉"君子爱财，取之有道"的准则。拿著名经济学家张维迎的理论来讲，企业家应当运用市场的逻辑，抛弃强盗的逻辑。要自己幸福，首先要让别人幸福，就是市场的逻辑。使别人不幸福而自己变幸福，就是强盗的逻辑。企业家有良知精神，就是遵循市场逻辑。而企业家一旦非法侵犯别人的合法权益，就是实行强盗逻辑。

新时代的中国企业家精神，应当具有创新精神。创新精神的本质是创造性。中国企业家既应创造物质财富，又应创造精神财富；既应创造经济效益，又应创造社会效益。

新时代的中国企业家精神，不能缺乏工匠精神，应该追求精益求精。中国是世界工厂，如果能够大幅度提高产品质量，像德国一样生产的耐用品能用一辈子甚至100年的话，企业家就能将企业做成"百年老店"，在急剧增加企业效率和利润的同时，既能提升国民使用产品的幸福感，增加出口量，又能减少资源损耗和环境污染。

新时代的中国企业家精神，应当注重人本精神，实现产品和服务的人性化。在物质短缺时代，产品和服务粗、大、笨是难免的。在产能过剩时代，讲究产品和服务人性化，产品和服务细、小、巧，才能满足客户日益挑剔的需求，深化供给侧结构性改革。

新时代的中国企业家精神，要有契约精神。契约精神就是诚实信用精神，企业家重合同、守信用是起码的行为准则，但这个起码的行为准则，有待于在中国普及和完善。企业家只有诚信才能立身，才有长久客户，才能做到基业常青。

中国特色社会主义的新时代，就是依法治国的新时代。靠官商勾结做企业，不仅会败坏企业家精神，而且因风险大而注定失败。闷声发大财已经过时，企业家只有依靠法治，拥有底线思维，禁止触动法律红线，才能挺直脊梁，焕发企业家精神，把企业家的潜能挖掘出来，成就企业家的创造性事业。

法律应成为金融监管标尺

2018年2月2日，道·琼斯指数突然下跌665点，2月5日指数又大跌1175.28点，跌幅4.61%，创2011年以来最大单日跌幅。

美股的下跌引发了全球金融市场的恐慌，波及全球股市"黑色一星期"，其跌速快、跌幅大、范围广，预示着2018年金融市场的不平静，考验着世界各国的金融监管，影响着中国金融监管的理念和走向。

1. 金融监管在于防范灰犀牛和黑天鹅

一直以来的中国经济发展GDP导向，以及随之而来的防范经济硬着陆，经济管理层不断推出各种"稳增长"措施，使经济中的负债率和杠杆率不断上升，金融风险日益加剧。2017年穆迪和标准普尔相继下调中国主权信用评级，就是一个警示。为了应对日益临近的金融风险，党的十八届六中全会把降杠杆和控制金融风险列为今后经济金融工作的重点，2017年7月召开的中央金融工作会议上专门成立了金融稳定发展委员会，防止发生系统性风险成为金融工作的底线。

金融风险分为暴露的风险和隐藏的风险，两种金融风险都值得担心和防范。金融市场把暴露的风险比喻为"灰犀牛"，把隐藏的风险比喻为"黑天鹅"。灰犀牛是与黑天鹅互补的概念，"灰犀牛事件"是常见的以至于人们习以为常的风险，"黑天鹅事件"则是极其罕见的、出乎人们意料的风险。

生长于非洲草原的灰犀牛，体形笨重、反应迟缓，人们能看见它在远处，却毫不在意，一旦它向人狂奔而来，憨直的路线、爆发性的攻击定会让人猝不及防，有把人扑倒和踩踏的风险。因此，灰犀牛用来比喻大概率且影响巨大的潜在危机。灰犀牛是由美国学者米歇尔·渥克于2013年在达沃斯全球论坛上提出的，旨在提醒人们不要忽视"必然会发生的重大危机"。

中国金融市场的灰犀牛有影子银行、房地产泡沫、国有企业高杠杆、地方债务、货币贬值、银行不良资产增加、资金外流、违法违规集资等。

黑天鹅事件是指非常难以预测且不寻常的事件，通常会引起市场连锁负面反应甚至颠覆市场。在发现澳大利亚之前，17世纪之前的欧洲人认为天鹅都是白色的。由于欧洲人没有见过黑天鹅，"所有的天鹅都是白的"就成了一个没有人怀疑的事实。直到人们在澳大利亚发现黑天鹅，欧洲人的想法才有了一百八十度的大转弯。

过去20年发生的九大黑天鹅事件被认为是金融危机或引发了金融风险：亚洲金融危机、互联网泡沫破裂、9·11恐怖袭击事件、全球金融危机、欧洲主权债务危机、福岛核事故、油价暴跌、中国股灾、英国脱欧。

中国的金融监管既要防范灰犀牛事件，又要防范黑天鹅事件，金融监管的对象有"三违反"：违反金融法律、违反监管规则、违反内部规章；有"三套利"：监管套利、空转套利、关联套利；有"四不当"：不当创新、不当交易、不当激励、不当收费；有"十乱象"：股权和对外投资、机构及高管、规章制度、业务、产品、人员行为、行业廉洁风险、监管履职、内外勾结违法、涉及非法金融活动十方面的金融市场乱象。

确立稳定金融、发展金融和人文金融的金融监管目标，有利于金融市场防范灰犀牛和黑天鹅。稳定金融，确保金融体系的安全和稳健应成为金融监管的首要目的。发展金融，提升金融机构的效率，促进金融市场的平等竞争，提高金融为实体经济服务的能力，应成为金融监管的终极目标。人文金融，在金融市场实现以人民为中心，重点发展普惠金融。最大限度地避免消费者受金融欺诈，有效防止因过度举债造成的信用危机，落实金融消费者保护，应成为金融监管的初心和使命。稳定金融、发展金融和人文金融三位一体，相辅相成，不可或缺。

2. 金融监管尺度应以法律为准绳

2017年中国的金融监管取得了显著成绩。根据中央银行官网公布的行政处罚公示结果，2017年央行做出的行政处罚共计903项，对金融机构的罚没金额共计为7980万元，行政处罚内容涉及支付结算、征信管理、反洗钱、票据业务、经理国库、消费者保护等方面。

银监会系统在官网上公布的2017年年度罚单共计2725张，罚款金额总计27.53亿元，没收违法所得8.59亿元，包括对机构或个人处以警告、取消一定期限高管任职资格、禁止一定期限银行从业资格。2017年，证监会做出行政处罚决定224件，罚没款金额74.79亿元，同比增长74.74%，市场禁入44人，同比增长18.91%，行政处罚决定数量、罚没款金额、市场禁入人数再创历史新高。据保监会新闻发言人披露，2017年，保监会系统一共处罚机构720家，人员1046人次，其中罚款1.5亿元，同比增长56.1%，责令停止接收新业务24家，撤销任职资格18人，行业禁入4人。

中国的金融监管，尺度一直把握不好，尺度松了，金融市场就会混乱；尺度紧了，金融市场就会僵化。监管尺度把握不好的原因，在于过去养成了人治的习惯，尚未养成法治的好习惯。法律是不松不紧、不偏不倚的尺度，法律应成为金融监管尺度的圭臬。当然，具体的法律法规的不合理或在金融市场不合时宜时，应对法律法规及时进行修改。中国应当形成法治的金融监管模式，才能防范灰犀牛和黑天鹅，守住不发生系统性金融危机的底线。

法治的金融监管模式，意味着诚信和依法规范经营的金融主体能够得到发展激励，监管机关能够对投机取巧和不择手段的金融违法行为进行纠正和制裁，金融消费者的合法权益得到有效保护，从而引导金融主体公平竞争，合法创新，提高效率，靠服务实体经济的真功夫盈利并做强做大。

法治的金融监管模式要求监管机关：法律授权必作为，法无授权即禁止。法无授权即禁止容易做到，法无授权的乱作为，监管人员涉嫌滥用职权，被监管者有权对监管机构的乱作为行为提起行政诉讼，行政法律和刑事法律对乱作为能够形成有效监督。

法律授权必作为难以做到，金融监管容易出现不作为的问题。对不作为形成有效监督，成为金融监管的制度短板。与此相关的现象是，除了环境保护法律以外，中国有最多的金融监管法律法规，但金融监管法律法规被运用的少，被束之高阁的多。

中国金融监管方面的法律主要有：《中国人民银行法》《商业银行法》《票据法》《担保法》《保险法》《证券法》《信托法》《证券投资基金法》《银行业监督管理法》和《行政法》《刑法》关于金融监管的规定等。

金融法规和规章主要有：《储蓄管理条例》《企业债券管理条例》《外汇管

理条例》《非法金融机构和非法金融业务活动取缔办法》《金融违法行为处罚办法》《人民币管理条例》《国有重点金融机构监事会暂行条例》《个人存款账户实名制规定》《金融资产管理公司条例》《金融机构撤销条例》《外资保险公司管理条例》《外资银行管理条例》《期货交易管理条例》《中央企业债券发行管理暂行办法》《证券公司风险处置条例》《证券公司监督管理条例》等。

看来，中国的金融监管法律体系基本成型，但投资促进法、民间借贷法、期货交易法、金融消费者保护法、互联网金融法等基础法律法规仍然处于空白状态，有待相关立法机关根据金融市场的需要和金融监管的实践，进一步完善。

尽管2017年中国的金融监管取得了显著成绩，但党和国家监察机关、金融市场、金融消费者、新闻媒体，在依法监督金融监管不作为方面，应当继续努力行使各自的权利。

只要金融监管的法律、法规和规章能得到切实运用，金融监管执法的执行力能得到提升，专业监管、混业监管、功能监管、行为监管就能逐步实现，实质重于形式的监管原则就能够得到确立，就会收获法治的金融监管模式的良好效果。

后　记

律师服务该如何定位

在发达的法治国家，律师是一个让人既爱又恨的职业，爱的是律师能解决问题，恨的是律师要收费，因此常常流行着大量关于律师的笑话。党的十八届四中全会把律师与法学家、立法工作者、法官、检察官都作为法治专门队伍的组成部分，律师取得了与其他法律职业共同体平等的地位。中国律师在法律职业共同体中如何定位？中国律师在为当事人提供法律服务的过程中，在处理与社会发展和国家建设的关系时，体现自己的定位，从而确定自己的社会地位和在法律职业共同体中的地位。

1. 依法解决难题的高手

《中华人民共和国律师法》第二条规定："本法所称律师，是指依法取得律师执业证书，接受委托或者指定，为当事人提供法律服务的执业人员。律师应当维护当事人合法权益，维护法律正确实施，维护社会公平和正义。"可见，律师与当事人之间是委托关系或契约关系，双方的法律地位平等。

当事人聘请律师，旨在帮助自己解决自己解决不了的涉法问题。要实现当事人的目的，律师在提供法律服务时，首先要做到"受人之托，忠人之事"，对当事人诚信尽责。试想，如果律师与当事人争权夺利，或者对当事人的法律事务不负责任，当事人的涉法问题仍然难以解决。

律师在提供法律服务时，要有充足的法律专业知识和丰富的从业经验，具备帮助当事人分析问题、解决问题的法律专业能力，才能实现当事人聘请律师的目的。因此，当事人需要德才兼备的律师，品德和专业缺一不可。

当事人花钱聘请了律师，律师是否要一切听命于当事人？这是一个重要问题。律师应当拥有独立性，独立于当事人，理由是律师应当维护当事人的"合法权益"，而不是维护当事人的"权益"。律师的独立性，符合律师的法律风险防范职能，更符合当事人的长远利益和整体利益。中国律师应以洛德·埃尔登的名言"律师为任何人服务，但绝不向任何人出卖自己"为圭臬。

基于律师的独立性，律师应当对虚假诉讼和逃避法律义务的委托坚决说不。有的当事人为牟取不当利益，聘请律师企图通过诉讼、调解等方式侵害他人合法权益，通过诉讼、仲裁、调解等方式逃避履行法律文书确定的义务，如果律师接受这样的委托，就成了"虚假诉讼罪"和"拒不执行判决、裁定罪"的共犯，与"维护法律正确实施，维护社会公平正义"的职业要求背道而驰。

优秀的律师不仅要为当事人提供法律服务，而且要着眼于提高当事人的法律意识，提升当事人的人生境界，引导当事人遇事依靠法律，而不是花钱摆平，发财致富要"找市场"进行公平竞争，而不是"找市长"索取特权。

中国律师在为当事人提供法律服务的过程中，应当定位于维护当事人的合法权益，成为依法解决难题的高手，而不是解决难题的高手。

2. 律师有助于社会稳定

中国律师的代言人、《民主与法制》杂志社总编辑刘桂明说过："对所有法律人来说，要研究理想的法治社会，就必须研究律师制度；要研究律师制度，则必须研究律师职业；要研究律师职业，就必须研究律师职业的属性。"律师在古今中外都是中产阶级，是社会稳定的主力军。

律师既然是中产阶级，就不会缺衣少食。律师既然是中产阶级，就不应该指望靠做律师成为富翁。律师是贫富的中间派，也应当是社会的中坚力量，既不该是社会保守派，也不该是社会激进派，律师天然是社会的稳定器。

律师的使命是维护当事人的合法权益，简称维权。根据《中华人民共和国宪法》规定，中国公民的宪法权利包括人权，选举权和被选举权，言论、出版、集会、结社、游行、示威的自由权，宗教信仰自由权，人身自由不受侵犯权，人格尊严不受侵犯权，住宅不受侵犯权，通信自由权和通信秘密受法律保护权，对国家机关和国家工作人员的批评和建议权，对国家机关和国家工作人员违法失职行为的申诉、控告或者检举权，对国家机关和国家工作人员侵权的索赔权，劳动权，休息权，退休生活保障权，年老、疾病或者丧失劳动能力获得物质帮助权，受教育权，科学研究、文艺创作和其他文化活动自由权，妇女平等权，婚姻、家庭、母亲和儿童受保护权。

2015年11月中央政法委发布了《关于建立律师参与化解和代理涉法涉诉信访案件制度的意见（试行）》，目的是充分发挥法律服务队伍在维护群众合法权益、化解矛盾纠纷、促进社会和谐稳定中的积极作用，深入推进涉法涉诉信访改革。律师应运用所掌握的法律专业知识和法治实践经验，对矛盾纠纷主体进行引导，进行矛盾纠纷疏导化解，推进涉法涉诉信访走向法治，维护社会稳定。

只要律师充分行使其维权使命，宪法和法律赋予社会主体的各项政治、经济和文化权利就能顺利实现，社会主体存在的难题和矛盾就能得到解决，中国社会就能充满公平正义，这样，社会自然是和谐的、稳定的。因此，维权与维稳在本质上是一致的，维权即维稳。

中国社会需要在维权与维稳的关系上继续解放思想，打破特权思想和特权习惯，转变维权就是作对、维权就是制造不稳定的错误认识，杜绝压制维权的违法行为，摆脱"越维稳越不稳"的恶性循环，理直气壮地维护每一个国民的合法权利。

中国律师在处理与社会发展的关系时，应当定位于维护社会公平和正义，不辱维权使命，达到维权与维稳的协调统一。

3. 国家治理的重要力量

法治是国家治理现代化的必然要求，发达的市场经济国家都是发达的法治国家。法治是世界文明成果，法治国家已经成为世界潮流。党的十八届三中全会提出"推进国家治理体系与治理能力现代化"的发展目标，标志着中国进入了法学家治国的新时代，即"法治中国"时代。

律师与法学家一样，都是法律职业共同体的组成部分，都是法治国家的建设者，都是国家治理现代化的重要推动力量。法学泰斗、中国政法大学终身教授江平主张：律师兴则法治兴，法治兴则国家兴。江平教授倡导律师要有哲人气质，忧国忧民，以天下为己任，具有政治家的胸怀，要求律师应更主动地为依法治国做贡献。

中国律师在处理与国家建设的关系时，应当定位于维护法律的正确实施，推动国家治理现代化。中国律师，不要问中国给予了律师什么，而要问律师为中国贡献了多少。